수업의 모든 것,
수업을 탐하다

수업의 모든 것, 수업을 탐하다

(행복한 교육을 위한 수업 코칭과 수업을 둘러싼 의문과 시선)

[행복한 교과서®] 시리즈 No. 56

지은이 | 권경희
발행인 | 홍종남

2021년 11월 15일 1판 1쇄 인쇄
2021년 11월 22일 1판 1쇄 발행

이 책을 만든 사람들
책임 기획 | 홍종남
본문 디자인 | 조서봉
표지 디자인 | 김효정
교정 교열 | 주경숙
출판 마케팅 | 김경아
제목 | 구산책이름연구소

이 책을 함께 만든 사람들
종이 | 제이피씨 정동수 · 정충엽
제작 및 인쇄 | 천일문화사 유재상

펴낸곳 | 행복한미래
출판등록 | 2011년 4월 5일 제 399-2011-000013호
주소 | 경기도 남양주시 도농로 34, 301동 301호(다산동, 플루리움)
전화 | 02-337-8958   팩스 | 031-556-8951
홈페이지 | www.bookeditor.co.kr
도서 문의(출판사 e-mail) | ahasaram@hanmail.net
내용 문의(지은이 e-mail) | kkhkkh67@korea.kr
※ 이 책을 읽다가 궁금한 점이 있을 때는 지은이 e-mail을 이용해 주세요.

ⓒ 권경희, 2021
ISBN 979-11-86463-57-4
〈행복한미래〉 도서 번호 088

수업의 모든 것, 수업을 탐하다

| 권경희 지음 |

행복한미래

교사의 생장점,
수업에서 꿈틀거린다

학교는 아이들에게 무엇을 해줄 수 있을까?

미래를 살아야 할 우리 아이들이 바람에 흔들리지 않는 뿌리를 가지려면 무엇이 필요할까?

우리는 지금, 아이들의 삶의 근력을 키워주고 있는 것일까?

이것이 나의 화두이자 30년째 품고 있는 딜레마이기도 합니다. 작은 수업들이 모여서 '교육활동'이라는 큰 줄기가 됩니다. 대개는 수업후 뿌듯함을 느끼는 날보다 아쉬움이 남는 날이 더 많습니다. 그래서 긴 호흡이 필요합니다. 이벤트 같은 멋진 공개수업보다 중요한 것은 작은 수업, 바로 나의 일상적인 수업입니다. 그 일상의 수업이 진짜 '나의 수업'이니까요. 아이들은 그 일상의 수업 속에서 생장점을 키워 갑니다.

이 책에는 필자가 추구하는 수업의 모든 것을 담았습니다. 수업을 둘러싼 불편한 이야기도 있고, 수업의 뿌리를 단단하게 하는 수업철학과 수업을 보는 새로운 시선도 제안했습니다. 크게 4부로 구성되어 있으며, 다음과 같은 주제들을 다루고 있습니다.

'1부. 교.육.담.론, 교사를 힘들게 하다'는 시류에 편승하느라 철학을 다질 틈이 없는 교육정책과 거대담론들을 재조명했습니다. 미래교육을 준비하는 출발을 '세상을 바라보는 세계관, 오늘의 교육현실, 나의 수업, 우리 아이들'로 삼았습니다. '지금' 내가 딛고 서 있는 '여기'에 마음을 담고 우리를 둘러싼 담론들을 둘러보았습니다.

'2부. 수업을 둘러싼 9가지 의문'은 우리가 당연하게 받아들이는 수업 시선들에 대해 의문을 가져보는 시간입니다. 현재 수업을 지배하는 패러다임에 '왜? 정말 그럴까?'라는 질문을 던져봅니다. 수업을 둘러싼 '통상적인' 생각과 가치에 대해 한발 물러서서 의문으로 다가가보았습니다.

'3부. 뿌리 깊은 수업을 만드는 7가지 힘'은 '좋은 수업'을 결과적인 관점으로 다가서지 않고, 좋은 수업을 하기 위해 교사에게 필요한 수업디자인 전략을 단계별로 제안합니다. 좋은 수업을 디자인하는 '과정'에 초점을 두었습니다.

'4부. 권경희의 수업코칭을 시작합니다'는 앞에서 말한 수업철학을 근간으로 실제로 선생님들의 수업을 코칭한 수업사례들을 담았습니다. 수업을 함께 고민하고, 수업 속에서 교사와 학생을 들여다보려고 애쓰는 촘촘한 수업들입니다. 수업 앞에서 소심해지지 않고, 기꺼이 속살을 드러내며 수업코칭에 도전하는 용기 있는 선생님들이 있어서 힘이 됩니다.

이 책이 출간되기까지 도움을 주신 홍종남 대표님과 톡톡 튀는 아이디어로 원고를 교정해준 노미향 선생님, 가슴으로 원고를 읽고 피드백을 아끼지 않은 이명주 선생님, 그리고 중원초에서 필자와 함께 수업을 고민한 모든 선생님께 감사를 전합니다.

늘 한발 앞선 외조로 감동을 주는 남편 오일환과 자기 꿈을 키워가는 두 딸 세솔·세린에게 지면을 빌어 박수를 보냅니다.

권경희

| 차례 |

2부.
수업을 둘러싼 9가지 의문

3부.
뿌리 깊은 수업을 만드는 7가지 힘

4부.
권경희의 수업코칭을 시작합니다

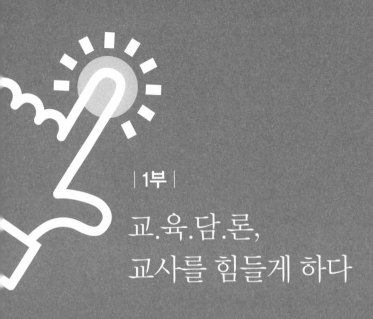

| 1부 |

교.육.담.론,
교사를 힘들게 하다

0.
교사를 힘들게 하는 것,
행정과 현실 사이

　10년 전쯤 한 미래학자가 앞으로는 빨지 않는 나노 섬유가 개발되어 많은 옷이 필요 없고, 3D 프린터로 각자 옷을 만들 수 있으니 패션 디자이너라는 직업이 사라질 거라고 말하는 것을 듣고 의아한 적이 있습니다. 원시시대에는 몸을 가리는 게 옷을 입는 목적이었지만, 오늘날의 패션은 예술에 가까운 자기표현 방법이라 단순히 세탁하기 편하다고 그 옷을 선택하지는 않을 테니까요. 3D 프린터로 집에서 옷을 만들 수는 있어도 체형을 보완하고, 사회적 예의를 극대화할 수 있도록 전문 디자이너의 안목을 선호할 것입니다. 아마도 그 미래학자는 패션에 대한 인간의 미적 감성을 이해하지 못한 채 옷의 역할을 기능적으로만 파악하고 성급한 결론을 내린 것이라 짐작됩니다.

　최근 아날로그 필름을 사용하는 일회용 카메라가 부활하고 있습니다. 가격이 싼 것도 아니고, 필름 현상에 따로 비용이 드는데도 말입니다. 핸드메이드와 예술이 우리의 시선을 끄는 것은 디지털로 다 해결할 수 없는 개개인의 감성과 욕구가 있기 때문입니다. 물속에서 사람마다 다른 신체 조건을 고려하여 지도해야 하는 스킨스쿠버나 다이빙 강사 역시 AI가 대신할 수는 없을 것 같습니다.

교육 역시 그렇습니다. 미래교육에 대해 지나치게 디지털식으로 접근하는 것은 균형을 잃어버린 발상이라고 생각합니다. 연수를 갈 때마다 미래사회에 대비하기 위해 교육이 달라져야 한다며 테크놀로지가 지배하는 미래교육을 말합니다. 인공지능이 모든 것을 해줄 것이고, 학교에서 배우는 지식 따위는 컴퓨터에 다 있으니 검색만 하면 된다고도 합니다. 미래교육에 대비하기 위해 코딩교육이 필수라고도 합니다. 떠도는 이야기를 종합하면 미래교육은 테크놀로지적 접근으로 가득합니다. 그러나 디지털이든 아날로그든 앞으로 이 세상을 살아갈 학생들에게 유익한 교육이 무엇인지를 인지하고 개척하는 것이 중심이어야 한다고 생각합니다. 온라인 교육 콘텐츠가 다양하다고 해서 오프라인인 학교가 필요 없는 것은 아닙니다. 2007년 미래학교를 주장하며 첨단 컴퓨터 시설로 개별학습을 한 미국의 알트스쿨이 최근 교육의 방향을 수정하고 있습니다. IT 교육만으로는 미래교육을 다 채울 수는 없다는 반증일 겁니다. 테크놀로지가 중요하지 않다는 게 아니라 학생들에게 정말 필요한 게 무엇인지를 한발 물러서서 고민을 해야 할 때입니다.

교육자로서 미래교육을 고민한다면 가장 먼저 우리가 발을 딛고 있는 지금의 교육 현실을 충분히 성찰해야 합니다. 인문계 고등학교 영어, 수학 수업에서 잠을 자거나 딴짓을 하지 않고 수업에 제대로 참여하는 학생의 비율이 20% 내외라는 말을 들었습니다. 이런저런 이유로 수업에서 소외되는 학생들이 많습니다. 이 학생들도 할 말은 많을 것입니다. 공부해도 성취감이 없고, 학교에서 별로 배우는 것도 없고, 수업을 들어도 이해가 안 가고, 피곤하고, 수업이 의미도 없고 등 이유는 수십 가지입니다. 학생들이 말하는 이유에 상당히 공감도 가고, 한편으론 측은하기도 합니다.

당장 시급한 과제는 코딩교육으로 미래교육을 준비하는 것이 아니라 배움에서 멀리 떨어져 있는 학생들을 배움의 주인으로 바로 서게 만드는 것입니다. 배우고 싶은 학습의욕이 있다면 코딩교육이든 한자교육이든 다양한 창구를 통해 얼마든지 배울 수 있습니다. 교과서를 디지털교과서로 바꾼다고 학생들이 학습에 의욕을 갖고, 협력적이고 창의적인 사고를 하는 것은 아닙니다. 아무런 성찰 없이 미래교육을 디지털식 접근으로만 해석하는 것은 학생과 학교에 대한 이해 없이 교육을 단순화시킨 도식입니다.

1.
교육정책,
명분만 있고 실속은 없다

학생들만 그런 것도 아닙니다. 조변석개하는 교육정책과 교육과정으로 교사들 역시 피곤합니다. 학교현장에 도움이 되기보다 학교를 혼란스럽게 만들고, 수업의 방향을 갈팡질팡하게 만들 때가 많습니다. 탁상공론에 가까운 행정지시도 허다합니다. 일관성 있게 내실을 검증할 사이도 없이 정책 용어들이 새롭게 등장합니다. 교육부 장관이 바뀔 때마다 뿌리도 없는 정책들이 전시용으로 등장하고, 수업의 본질은 보지 못한 채 표피적인 전략만 내세우는 수업지침들이 난무합니다. 그뿐만이 아닙니다. 문서와 절차에 매몰되는 수업설계이론, 거대담론 속에서 소외되는 수업, 가르침을 소심하게 만드는 수업철학, 기초학력 저하를 둘러싼 딜레마 등 우리를 힘들게 하는 요소들은 많습니다. 1부에서는 이런 주제들을 좀 더 자세히 살펴보려고 합니다.

관료적인 행정과 현실 사이에서 교사들의 에너지가 많이 소모됩니다. 필자가 굳이 '교육담론, 나를 힘들게 하다'라는 주제로 글을 쓰는 이유는 현실을 불평하고 불만을 품자는 것이 아닙니다. 교육청에서 하라고 하니까 무조건 따라 할 것이 아니라 우리 학교에서 그대로 실천할 만한 것인지 혹시 수정이 필요하진 않은지를 비판적으로 성찰하고, 교사들의 온전한 수업 성장에 걸림돌이 되는 것들을 찾아 개선하자는 취지입니다. 무조건 정책을 따른다고 수업이 성장하는 것은 아닙니다. 수업은 정책에서 다 담아내지 못하는 행간이 있습니다. 수업은 교사들의 개별적인 창작과정이기 때문입니다. 수업의 변화는 수치나 성과로 측정할 수 없는 정성적인 영역입니다. 그래서 수업고민을 공유하고, 수업을 코칭해야 합니다. 역설적이지만 수업고민이 많은 교사일수록 알고 보면 이미 수업을 잘하고, 열심히 하는 교사인 경우가 많습니다.

학교는 수업을 잘하는 교사를 우대하는 것도 아니고, 인센티브를 주는 것도 아닙니다. 조직경영 면에서 보면 매우 효율성이 떨어지는 조직문화입니다. 개인적인 노력을 해도 그만이고, 안 해도 페널티는 없습니다. 교원평가나 성과상여금 제도가 있지만 이런 것으로 교사의 수업 에너지가 달라지는 것은 아닙니다. 그런데도 이 시대의 많은 교사는 수업과 교육을 고민합니다. 필자는 그런 교사들과 함께하고 싶습니다. 우리 교육 속에서 관료적인 허세와 수업을 둘러싼 거품이 줄었으면 좋겠다는 일념으로.

2.
동.상.이.몽?
교육과정과 수업

개정되고 또 개정되는 교육과정

우리나라만큼 교육과정이 자주 개정되는 경우도 많지 않습니다. 광복 후 미국의 교육사조와 정권의 교육개혁 조치로 교육과정은 개정을 반복했습니다. 교수요목기 이후 7차까지 개정했고, 2009 개정교육과정에 이어 현재는 2015 개정교육과정 시대입니다. 길면 10년 만에한 번, 짧으면 6년 만에 한 번씩 개정되었으니 아무리 교육과정이 사회 변화를 반영한다고 해도 너무 빈번하게 바뀌었습니다. 이렇게 개정된 교육과정이 학교현장에서 얼마나 영향력이 있을까요? 참고로 강현석, 주동범 공저인 『현대교육과정과 교육평가』를 보면 우리나라의 교육과정 변천사를 자세히 알 수 있습니다.

다음은 교육과정 구성의 일반목표입니다. 어느 시대의 교육과정일까요?

교과서 중심, 강의 위주의 학습지도 활동을 지양하고 일상생활에서 당면하는 중요 문제를 해결하는 연구적 학습활동을 계획하고 실천하는 방향으로 나가도록 한다. 예능 시간을 현명하게 활용하여 예술적 흥미를 발견하고, 창의적 표현 능력을 기를 수 있는 학습활동의 기회를 마련한다.

이것은 1963년 2차 교육과정 중고등학교 교육과정 구성의 일반목표입니다. 지금의 목표라고 해도 괜찮을 법한 내용이라서 놀랍습니다. 60년대부터 강조했던 창의성 교육이 2015 개정교육과정에서는 '창의적 역량교육'이라는 용어로 기술되고 있습니다. 약 60년 전의 교육과정 내용이 낯설지 않은 이유는 우리가 여전히 이 문제를 과제로 안고 있기 때문입니다. 사정이 이렇다 보니 국가교육과정이 거시적인 철학으로 몇 번이나 개정되었는데도 현장에서는 개정의 이유를 모를 정도입니다. 그만큼 개정에 대해 무감각해진 상태입니다.

1992년 6차 교육과정에서도 학생들의 직접적인 체험활동과 소집단 학습활동을 강조했고, 교사들에게 모든 학생이 학년별로 요구되는 학습목표를 성취하도록 지도하라고 했습니다.

2007년 7차 교육과정에서는 수준별 수업을 개정의 큰 방향으로 제시하여 강조했으나 2~3년이 지나자 흐지부지되었고, 중학교에서 만든 교과 교실도 소문 없이 특별실로 전환되었습니다. 의무적으로 실시하라던 수준별 수업이 슬그머니 사라졌습니다. 이런 과정을 통해 교사들에게 체화된 것은 '교육과정이 바뀌어도 몇 년만 지나면 또 바뀌니까 신경 쓰지 않아도 된다'라는 것입니다. 교육부 장관이 바뀌면 교육과정도 한 번씩 바뀌는 통과의례 정도로 생각합니다. 교육의 수장들이 교육 전문성 없이 빈번하게 교체되는 것은 교육의 지속력을 약화시키는 이유이기도 합니다.

2015 개정교육과정에서는 핵심역량을 중심으로 교육의 방향을 제시했지만, 핵심역량과 일상수업 사이에는 거리감이 있습니다. 핵심역량을 표면에 내세우고, 수업지도안에 핵심역량을 제시한다고 해서 그 수업이 학생들의 역량을 기르는 것은 아닙니다. 더군다나 역량이라는 게 한 시간 수업으로 눈에 띄게 변화하는 것도 아닙니다. 개정교육과정이 얼마나 역량을 강조하는지 그 용어들의 양을 보면 알 수 있습니다. 개정교육과정에서 강조하는 핵심역량은 6가지고, 교과마다 부여되는 교과역량이 4~5가지씩 따로 있습니다. 너무 많습니다.

2015 개정교육과정의 핵심역량과 사회과 교과역량을 비교해볼까요? 2015 개정교육과정의 6대 핵심역량은 자기관리 역량, 지식정보처리 역량, 창의적 사고 역량, 심미적 감성 역량, 의사소통 역량, 공동체 역량입니다. 사회과 교과역량은 창의적 사고력, 비판적 사고력, 문제해결력 및 의사결정력, 의사소통 및 협업능력, 정보활용능력입니다. 더 황당한 것은 국가 수준의 핵심역량이 있고, 지역별 수준의 핵심역량도 따로 있다는 사실입니다. 경기도의 핵심역량은 자주적

행동 역량, 비판적 성찰 역량, 창의적 사고 역량, 문화적 소양 역량, 의사소통 역량, 협력적 문제해결 역량, 민주시민 역량입니다.

국가교육과정에서 추구하는 6개 역량과 대동소이한 역량 명칭을 굳이 다르게 명명하여 그것을 지역의 특징적인 역량인 것처럼 제시하는 것은 이해할 수 없습니다. 한국의 교육구조상 경기도 학생과 전라도 학생에게 필요한 역량이 다르지 않습니다. 자세히 들여다보면 국가교육과정의 역량이나 지역별 역량이나 교과별 역량이나 의미적으로는 다르지 않습니다. 수업지도안마다 등장하는 역량들을 보면 숨이 목까지 차오릅니다.

인류역사상 변하지 않는 교육의 사명은 '좋은 인간'을 육성하는 일입니다. 지금 같은 시대라면 의사소통이라도 제대로 가르쳤으면 좋겠습니다. 교과와 수업 안에는 삶의 역량들이 복합적으로 깔려 있습니다. 교과마다 역량이 두부처럼 갈라질 수 있는 것이 아닙니다. 교사들이 수업을 설계하면서 하나의 주제가, 또는 한 시간의 수업이 무슨 역량과 관련된 것인지 고심할 필요는 없다고 생각합니다. 어떤 역량을 말하더라도 틀린 것이 아니기 때문입니다. 수학 수업도 의사소통 역량과 관련이 있고, 과학 수업도 민주시민 역량은 필요하니까요.

교육과정이 바뀐다고 해서 한국의 교사들이 진도에 얽매이지 않게 되고, 교육과정 자율권이 커지는 것은 아닙니다. 어쩌면 우리 사회는 인지 유예 상태인지도 모르겠습니다. 알고도 모른 척 사실이 아닌데도 누군가 강하게 주장하면 사실인 것처럼 묵인하는 상태, 또는 군이 내가 나서서 불편한 진실을 말하고 싶지는 않다는 소극적인 자세 말입니다.

현장에서 교육과정개정을 체감하는 때가 있다면 교육청의 의무연수에서입니다. 연수 전달강사가 이전 교육과정과 달라진 점을 요약해주지만 그냥 '전달'하는 수준입니다. 전달강사는 내가 바꾼 것이 아니라는 말을 덧붙입니다. 교육과정 총론에서 시작하여 각론이 장막처럼 펼쳐집니다. 그러나 교육과정 내용체계를 참고해서 평소 수업을 설계한다는 교사를 거의 보지 못했습니다. 필자 주변의 교사들이 수업연구를 덜 하는 분들은 아닙니다. 오히려 교육과정 체계에 따라 설계한 수업안을 보면 지도안의 분량은 엄청 많고 과정은 복잡한데 정작 수업에서는 뭘 가르치려고 하는지 이해하기 힘든 수업이 많았습니다. 문서의 무게가 너무 무거운 수업으로 다가옵니다.

이해하기 힘든 교육과정 '내용체계'

교육청 연수에서 2015 개정교육과정의 내용체계가 잘 되었다고 들었지만 이해가 되지 않는 부분이 많습니다. 초등 사회과를 보면 사회과의 핵심개념은 인구의 지리적 특성, 생활공간의 체계, 경제활동의 지역 구조, 문화의 공간적 다양성까지 4가지입니다. 핵심개념의 사전적 의미는 '사물이나 현상에 대한 가장 중심이 되는 지식'입니다. 위의 4가지 용어는 핵심개념보다는 초등 사회과의 내용 영역이라고 볼 수 있습니다. 몇 가지 예를 들어보겠습니다.

예 1) 3·4학년의 〈교통수단의 변화와 생활 모습의 변화〉와 관련된 '일반화된 지식'입니다.

> 일반화된 지식: 지표상의 자원은 공간적으로 불균등한 분포를 보이고, 인간의 경제 활동은 지역에 따라 다양한 구조를 나타내며, 여러 요인에 의해 변화한다.

일반화된 지식이 초·중학교를 관통한다는 것을 고려해도, 이것만으로는 초등학교 3학년에서 무엇을 가르쳐야 할지 와닿지 않습니다. 일반화된 지식은 일상적이고 보편화된 지식입니다. 초등학교 3학년 학생들에게 교통수단의 변화에 어울리는 일반화된 지식은 복잡할 이유가 없습니다.

- 옛날과 지금은 교통수단이 달라졌다.
- 교통수단에 따라 사람들의 생활 모습이 달라졌다.
- 교통수단은 사람들의 생활에 영향을 준다.

이 정도가 3학년 학생에게 맞는 일반화된 지식이 아닐까요? 추상적인 일반화된 지식은 교사들의 수업설계에 도움이 되지 않습니다. 이 주제에서는 '교통수단이 시대에 따라 달라졌고, 그것으로 사람들의 생활이 달라졌다'라는 것을 아는 것이 핵심입니다. 개정교육과정에서 교과의 핵심개념과 일반화된 지식, 내용요소를 제시했지만 교사들의 수업기획에는 그다지 영향을 미치지 못하는 이유가 이런 것입니다. 실제 수업을 고민할 때 더 복잡하고 산만하기만 할 뿐 정작 도움이 되는 내용이 적으니 교육과정을 멀리하게 됩니다.

예 2) 다음은 2015 개정교육과정 〈음악과 감상〉 부분의 내용체계입니다.

영역	핵심개념	일반화된 지식	내용요소 5·6학년	기능
감상	- 음악 요소와 개념 - 음악의 종류 - 음악의 배경	- 다양한 음악을 듣고 음악 요소와 개념, 음악 종류와 배경을 파악하여 음악을 이해하고 비평한다.	- 5·6학년 수준의 음악 요소와 개념 - 다양한 문화권의 음악	- 구별하기 - 표현하기 - 발표하기

핵심개념 위의 핵심개념과 일반화된 지식을 보면 도대체 무엇을 가르치라고 하는지 알 수가 없습니다. 핵심개념이란 학습의 뼈대를 구성하는 가장 중요한 개념이며, 학생들이 학습 후 습득해야 할 개념입니다. 음악의 배경이 어떻게 감상 영역의 핵심개념인지 의문입니다.

일반화된 지식 일반화된 지식에서 음악을 이해하고 비평한다고 했는데, 이것은 일반화된 지식이 아니라 학습목표 같은 내용입니다. 특히 5·6학년 학생들이 음악을 비평하는 것은 불가능합니다. 비평이란 작품의 가치를 분석하고 판단하고, 아름다움과 추함 등을 논하는 고차원적이고 전문적인 인지활동입니다. 5·6학년 학생들은 음악을 비평할 것이 아니라 다양한 문화권의 음악을 접하고 느껴보고 이야기할 수

있으면 됩니다. 일반화된 지식이라면 이 학습을 통해 학생들이 습득할
수 있는 지식이어야 합니다. 위에서 제시된 일반화된 지식은 5 · 6학년
학생들이 습득할 수 있는 지식이나 기능이라고 보기 힘듭니다.

기능　기능으로 제시한 구별하기, 표현하기, 발표하기도 음악 교과의
기능이라기보다는 보편적인 학습 기능입니다. 굳이 교육과정에 관련
기능을 제시하려면, 좀 더 음악감상 수업을 통해 습득할 수 있는 기
능으로 제시해야 합니다. 악기 소리 듣고 구별하기, 나라별 음악의
특징 말하기 등이 학생들에게 필요한 기능이라고 여겨집니다.

　　교육과정에서 내용체계를 제시하는 목적은 교사들이 교육과정을
이해하고, 수업을 설계할 때 등대 같은 역할을 하기 위해서일 것입니
다. 교육과정의 내용요소를 통해 교사들이 교육과정의 큰 그림을 그
리고 구체적인 수업설계에 도움을 주고 싶다면 최소한 뜬구름 잡는
이야기는 아니어야 합니다. 추상적이고 원론적인 개념이 넘치는 교
육과정은 수업으로 연결 짓기 힘듭니다. 만약 감상 영역의 내용요소
가 다음과 같이 제시된다면 더 도움이 될 것입니다.

영역	핵심개념	일반화된 지식	내용요소 5·6학년	기능
감상	- 다양한 음악 　과 악기	- 나라마다 전통적인 　악기가 있다. - 악기 간에는 공통점 　과 차이점이 있다.	- 다른 나라 음악 　과 한국 음악 비 　교하기	- 악기 소리 　구별하기

교육과정은 과거와 현재, 미래를 모두 보듬어야 합니다. 현재를 유지 존속시키는 보수적인 기틀이 기본이 되고, 그 위에 시대와 사회가 요구하는 변화를 정책으로 삼아 미래를 도모하는 것입니다. 2015 개정교육과정도 이전의 교육과정의 틀을 기본으로 그 위에 몇 개의 강조사항을 부각시켰습니다. 서술형 평가와 논술형 평가, 수행평가 확대는 2009 개정교육과정에서 강조되었고, 창의교육 또한 이전 교육과정에서도 용어를 달리하여 강조한 사항입니다.

하지만 우리는 지금까지 교육과정의 개정과 단절을 계속해서 경험하고 있습니다. 이 과정에서 우리가 잃고 있는 것은 지속성입니다. 제대로 실행되고 숙성되고 다듬어지기도 전에 용어를 바꾸고 새로운 정책이 더 큰 몸짓으로 등장합니다. 새로 등장한 교육과정 앞에서 지난 교육과정은 늘 초라한 모습으로 물러섭니다. 7차 개정교육과정 (1997)에서는 수준별 교육과정을 수준별 수업으로 전환하고, 2009 개정교육과정(2011)에서는 집중이수를 핵심적인 특징으로 내세웠으나 지금은 모두 사라졌습니다. 심지어 교육 정상화를 위한 교육개혁은 4차 교육과정(1981)의 주요 추진과제였습니다. 교육과정 개정이 실제적인 교육의 변화를 이끌지 못한다면 용두사미에 지나지 않습니다.

동상이몽, 교육과정과 수업

교육과정 개정은 나이스 시수와 학교교육과정 시수 편성에 영향력을 행사하지만 수업까지는 다가서지 못합니다. 교육과정 개정이 왜 교사의 수업에까지 영향을 미치지 못하는지 성찰할 필요가 있습니다. 교육과정에서 말하는 교과의 목표가 실제 교과의 수업에 왜 다가서지 못하는지 도덕과의 예를 들어보겠습니다.

도덕과 개정교육과정에서 도덕과의 목표는 '도덕함'을 구현하는 것입니다. '도덕함'이란 탐구와 내면의 도덕성에 대한 성찰을 포함하는 개념이라고 합니다. 굳이 '도덕함'이라는 용어가 지금의 도덕교육에 꼭 필요한지, 이 용어가 도덕교육의 방향을 정립하는 데 어떻게 기여할 수 있는지 의문입니다. 교육계는 합의되지 않은 단어들을 무분별하게 조합하여 새로운 개념인 것처럼 쏟아낼 때가 있습니다. 창의지성, 창의융합 등이 그 예입니다. 새로운 용어를 만드는 데 에너지를 쏟을 것이 아니라 본질을 개혁하는 데 의지를 모았으면 좋겠습니다. 교사 대부분은 '도덕함'이라는 용어가 도덕과 개정교육과정에 새로 등장했는지도 모릅니다. 도덕교육에서 중요한 것은 학생들에게 어떻게 도덕을 내면화시키고, 실천으로 옮기게 할 것인가입니다. 전인적 인격과 민주시민으로 성장시키는 것이 목표입니다. 그 이상도 이하도 아닙니다. 학생들의 도덕적 성찰과 실천이 부족한 것은 '도덕함'이라는 용어가 없기 때문이 아닙니다.

범교과학습은 어떤지 보겠습니다. 교육과정에서 교과 이외에 가르쳐야 할 내용을 학습주제로 제시한 것이 범교과학습입니다. 그 주제가 무려 39개입니다. 보건교육, 안전교육, 민주시민교육, 통일교육, 다문화교육, 에너지교육, 환경교육, 논술교육 등 웬만한 내용은

다 범교과학습의 주제입니다. 39개의 방만한 영역을 2015 개정교육과정에서는 대주제 10개 영역으로 정리했다고 강조했습니다. 그러나 자세히 들여다보면 고개가 갸우뚱해집니다. 유사한 주제를 대주제로 묶은 것이지 학습주제 자체가 줄어들거나 시수가 줄어든 것은 아니기 때문입니다. 연간 안전교육 51시간, 영양 식생활교육 2시간, 교통안전 10시간 이상, 학교폭력 4시간 이상, 실종 유괴 10시간 이상, 통일교육 10시간, 성교육 20시간 등 해마다 필수 주제는 증가하고 있으며, 아마도 사회 변화에 따라 더 많은 범교과학습 주제가 도래할 것으로 추측됩니다.

범교과학습은 학교교육과정에 다양한 형태로 존재합니다. 필수로 이수해야 할 시수도 있고(예: 안전교육), 선택시수도 있으며(예: 생태환경교육), 필수교육활동도 있고(예:장애인의 날), 선택교육활동도 있습니다(예:통일교육주간). 이것들을 연간교육과정에 이리저리 적당한 위치에 배치해야 합니다. 여기서 우리가 짚어야 할 문제들이 있습니다.

첫째, 범교과학습의 주제를 살펴보면, 교과 내 수업내용으로 있는 것이 대부분입니다. 예를 들면 다문화교육은 도덕, 사회, 국어 온책읽기 등에서 하고 있으며, 인성교육은 교과뿐만 아니라 생활지도를 통해서도 학교교육에서 이루어지고 있는 부분입니다. 인권교육, 민주시민교육, 환경교육 등도 모든 학년에 걸쳐 학습요소로 이미 포함되어 있습니다. 우리는 왜 이미 교과서에도 포함되어 있고, 수업재구성으로도 할 수 있는 이 내용을 범교과학습 주제라는 이름으로 따로 해야 할까요? 아마도 별도 편성을 요구하는 행정 부처들이 너무 많아서 그런 건 아닌지 모르겠습니다.

둘째, 지금처럼 의무적으로 시수를 채워야 하는 범교과학습은 아무런 의미가 없습니다. 교과와 관련하여 적당하게 시수만 채워 넣으면 됩니다. 범교과학습은 문서로만 존재하는 경우가 많습니다. 학년 간 위계도 없고, 내용의 적정성을 굳이 엄격하게 검토하지도 않습니다. 그냥 의무로 제시된 시수가 교육과정 속에 있기만 하면 됩니다. 학생인권교육은 1학년부터 6학년까지 학기당 2시간 이상씩 해야 하니 교육과정 속에 적당히 편성합니다. 이렇게 하면 교육과정 미편성이라는 법적 책임은 피할 수 있지만, 실제 학생들의 인권의식이 신장했는지는 고려하기 힘듭니다. 학생인권교육은 여러 교과에서, 생활지도에서 일상적으로 이루어져야 할 교육활동입니다. 인권교육을 했는지 안 했는지가 중요한 것이 아닙니다.

캐나다에서 고등학교에 다니는 학생에게 성교육을 언제 하는지 물었더니 생물 수업시간에 한다고 했습니다. 인체의 구조, 동물의 번식, 동물의 성장 등에서 기회가 있을 때마다 여자와 남자의 신체구조 특징과 이차성징, 임신과 피임을 배운다고 했습니다. 화학 수업시간에 분자의 구조를 배울 때 마약의 주성분과 인체에 미치는 해로움을 배웠다는 이야기를 들었을 때는 놀랍고 부럽다는 생각이 들었습니다. 성교육이나 통일교육, 학교폭력예방교육 등은 이 시대를 살아가는 데 필요한 소양입니다. 그렇다면 별도로 한 시간을 정해 놓고 집중 투하할 것이 아니라 일상적인 수업과 생활 속에서 실천되어야 할 사항입니다. '범교과'라는 용어로 교육과정 편성의 한 부분을 차지하고, 대충 나이스 시수에 맞추어 넣으면 되는 이런 실적 위주의 교육과정은 허깨비일 뿐입니다.

지금 학생들에게 필요한 것, 기초학력

요즘 학생들의 학습시간은 길지만 사고력은 부족하다고들 합니다. 스스로 생각하는 걸 귀찮아하고, 학습된 무기력이 교실 안에서 자주 발견됩니다. 학습내용을 이해하고, 개념을 정리하고 습득하는 학습능력은 비판적 사고력에 우선하는 필수적인 학습능력입니다. 2015 개정교육과정에서 말하는 역량들의 총합은 완벽한 인간상입니다. 교육이 지향해야 할 이상형입니다. 그러나 현실을 좀 둘러봤으면 좋겠습니다.

도화지에 그리고 싶은 걸 맘대로 그리라고 해서 예술작품이 탄생하는 것은 아닙니다. 인권의 보편적인 개념과 관련 지식을 모른 채 자유롭게 토론한다고 해서 토론수업이 되는 것도 아닙니다. 지금 학교에서 해야 할 일은 막연하게 뜬구름 잡는 교육정책이 아니라 개인적인 삶을 영위하는 데 필요한 기본적인 지식과 기능, 태도를 익히게 하는 것입니다. 창의력과 비판력을 말하기 전에 지금 학생들에게 필요한 것은 사고력 그 자체입니다. 수업시간에 생각할 수 있도록 자극하는 것이 첫 번째 과제입니다. 창의적 사고 역량은 폭넓은 기초지식을 바탕으로 합니다. 기초지식이 없으면 창의적 사고력은 불가능합니다.

지금 우리는 '폭넓은 기초지식' 교육을 바탕으로 학력을 길러야 할 때입니다. 기본 과제는 외면한 채 허공을 떠도는 창의적 역량을 쫓아가고 있는 듯합니다. 폭넓은 기초지식은 정확하고 명확하게 가르치고 배우는 과정에서 자기화되고, 이는 곧 학력향상으로 이어집니다. 대강 가르치고, 적당히 과제로 해결하는 것으로는 불가능합니다. 학생들은 막연한 활동만으로 지식과 기능을 자기화하기 힘듭니다.

정책의 생명력, 현장에서 실천해야

교사에게 참 많은 것을 요구합니다. 학생활동중심수업도 하라고 하고, 창의적 역량도 신장시키라고 하고, 학생들의 참된 학력도 높이라고 합니다. 학생들의 성장에 3가지 모두 필요한 것은 사실이지만 내 수업에서 당장 어떻게 해야 할지는 참 막막합니다. 학생활동으로 수업해본 교사라면 딜레마에 빠집니다. 학생들이 활동은 많이 했는데 정확히 알게 된 지식은 없습니다. '역사 수업을 게임카드로 열심히 즐겁게 했지만 학생들이 정확하게 아는 개념은 없다'라는 수업 후기가 있었습니다. 이걸 보고 어떤 교육부 관료가 '활동수업을 하되 중요한 지식을 알도록 해야 하는데, 학생들이 기본지식을 못 익힌 것은 교사들이 수업을 잘못한 탓'이라고 하는 걸 보고 참 황당했습니다. 각종 연수에서 학생활동중심수업, 배움중심수업을 해야 한다고 일방적으로 강제하더니 이제 와서 학생들이 부족한 게 교사의 수업 탓이라고 하는 것은 정책의 과실을 교사에게 떠넘기는 비겁한 행동입니다. 학생활동중심수업이 아니면 교사 주도형 강의식 수업으로 구분 짓고, 배움중심수업이 아니면 전달식 수업으로 양분하는 것은 이분법의 전형입니다.

2015 개정교육과정은 창의융합형 인재를 양성하기 위해 현재 지식암기식 수업을 창의적 활동수업으로 바꿔야 한다고 말합니다. 좋은 말인 것은 알겠는데 허공에 떠 있는 느낌입니다. 현재 교육이 안고 있는 많은 문제점과 모순점을 교육과정의 어떤 부분이 어떻게 해결할 수 있는지 이해할 수가 없습니다. 잘 가르쳐서 창의융합형 인재로 키우라는 결론만 보입니다. 창의적 인재 양성이라는 말도 어려운데 창의융합형 인재는 내 수업에서 어떻게 양성할 수 있는지 감이 오지 않습니다. 2019년 한국리서치의 학교진단조사에서, 약 24%의 교사가 창의성을 어떻게 가르칠지 모르겠다고 답했습니다. 당연합니다. 창의성을 가르치는 유일한 지식이나 방법은 없습니다. 사교육에서 창의수학, 창의논술을 말하지만 전략적인 수준입니다. 학교에서 이루어지는 교사들의 일상수업, 수행평가, 중고등학교의 교육과정과 평가체제, 입시정책을 생각해보면 2015 개정교육과정이 지향하는 창의융합형 인재라는 말은 현실에서 너무 멀리 떨어져 있습니다.

2015 개정교육과정이 無에서 有를 창조할 수는 없습니다. 창의융합형 인재를 기르기 위해 제시한 교수학습방법은 이미 이전 교육과정

에서 지속적으로 강조해오던 아주 오래된 내용입니다. 학생들의 경험과 실생활에서의 활용, 민주시민으로 성장시키는 것은 1930년대 진보주의 철학의 기저입니다. 미국식 교육학을 빠르게 답습한 한국 교육은 광복 이후 여러 차례 교육과정을 개정하면서, 생활중심과 인간중심, 학생중심 교육과정을 주장해왔습니다. 교육과정을 개정하는 것이 중요한 것이 아니라 개정한 교육과정을 한 번이라도 내실 있게 진지하게 실천하는 것이 훨씬 중요합니다. 그것이 정책이어야 합니다. 정책은 현장에서 실천되어야 생명력을 가질 수 있는데 지금은 정책과 현장이 단절된 느낌입니다.

교육과정이 아무리 개정을 반복해도 학교현장과 교사들이 실제로 변화를 느낄 수 없는 이유는 늘 시대를 유행하는 온갖 용어들이 추상적으로 조합되어 있고, 어차피 몇 년 지나면 또 개정할 것이니 굳이 신경 쓸 필요가 없다는 생각이 만연해 있기 때문입니다. 30년을 교직에 종사한 필자도 창의융합형 인간이 어떤 인간인지 정확히 떠오르지 않습니다. 인문학적 상상력과 과학기술 창조력을 갖추고 바른 인성을 겸비한 인재를 육성하라고 하는데, 그저 답답함만 가득합니다.

3.
교육, 철학은 없고
전략만 있다

여러 가지 활동들을 수업전략으로 제시하는 교사 연수가 많습니다.

"이런 활동을 하면 학생들이 엄청 좋아해요."
"이런 활동을 하면 학생 만족도가 높아요."
"이 학습지가 좋아요."
"이 앱이 좋아요."

교사들은 이런 수업 후기에 귀를 기울입니다. 왜냐하면 교사라면 누구나 재미있는 수업, 학생들을 더 집중시킬 수 있는 수업을 고민하니까요. 최근 10년간 수업 방향의 큰 줄기는 표현에 따라 약간의 차이는 있지만 주로 활동중심수업, 배움중심수업, 학생중심수업이었습니다. 오랜 기간 한국 교실을 지배해왔던 일방적인 주입식, 암기식 수업에 대한 저항이자 건설적인 반기이기도 합니다. 수업방식에 문제의식을 느끼고 개혁의지를 실천한다는 면에서 긍정적으로 평가할 수 있습니다. 문제는 수업을 극단적인 이분법으로 나누고, 이전에 했던 수업방식을 모두 부정하고 새로운 것은 무조건 신념화한다는 것입니다. 우리 반 학생들에게 적합한지 따져보지도 않고 유행하는 수업 이론과 패러다임을 모방하기에 급급하다면 또 다른 시행착오를 할 수밖에 없습니다. 새로운 것이 가장 좋은 것은 아니듯 지금까지 해오던 것이 모두 진부한 것은 아닙니다.

전략 하나, 교육연극수업

두 교사의 교육연극수업을 참관한 적이 있습니다. A 교사는 수업 주제에 중심을 두고 교육연극적 기법을 활용한 수업을 했고, B 교사는 교육연극기법에 중심을 두고 수업내용을 전개하는 수업을 했습니다. 학생들의 몰입도와 수업의 방향에 많은 차이가 있었습니다. A 교사는 '온책읽기' 수업을 교육연극으로 했는데, 학생들이 텍스트를 정확하게 이해하도록 질문을 치밀하게 했고, 이후 학생들이 상상한 것과 느꼈던 감정들을 몸으로 표현하게 하는 수업으로 진행했습니다. 반면 B 교사는 교사의 연극역량이 빛을 발하는 화려한 연극무대 같았고, 교사가 주인공인 수업이었습니다. B 교사는 교육연극 분야에 뛰어난 전문가였으며, 그것이 오히려 수업의 주객을 전도시켜 학생들이 조연 같다는 느낌이 들었습니다. 우리는 교육연극기법을 위해 교육연극수업을 하는 것이 아닙니다. 본말이 전도되어서는 곤란합니다.

특정 수업방법과 수업방식을 실천하기 위해 수업을 꿰맞추면 안 됩니다. 수업이 불편해지니까요. 교육연극기법을 활용하는 이유는 수업주제를 더 의미 있게 학습하기 위한 교사의 선택입니다. 학생들에게 연극을 연습시키는 시간이 아닙니다. 매시간 여러 가지 연극기법을 활용해야 교육연극수업이 되는 것은 아닙니다. 정지장면 만들기 하나만 활용해도 80~100분 수업을 할 수 있습니다. 교사의 연기력을 자랑하듯 한 차시 안에 학생들이 소화하지도 못하는 연극기법을 마구 쏟아내는 수업이라면 차라리 안 하는 게 낫습니다.

전략 둘, 비주얼씽킹수업

비주얼씽킹수업도 마찬가지입니다. 비주얼씽킹은 학생들의 이해와 집중을 위해 시각 언어로 이미지화하는 과정입니다. 상상하고 표현하는 작업은 학생들의 사고력 향상과 집중력에 매우 효과적입니다. 그러나 이미지화하는 과정 자체가 수업의 주제는 아닙니다. 이미지화 작업을 위해 수업시간의 반을 사용한다면 수업의 질을 재고해봐야 합니다. 학습내용보다 결과물로 재미있게 꾸미는 데 더 많은 시간을 쓴다면 의미 있는 수업이라고 할 수 없습니다. 맛있는 치킨을 만들기 위해 양념으로 할지 프라이드로 할지를 고민하기 전에 재료의 신선도와 밑간을 살펴보는 것이 먼저입니다. 레시피와 양념의 종류에만 신경 쓴 나머지 재료 자체의 역할을 잊어버린 수업을 종종 만나곤 합니다.

교사가 비주얼씽킹을 수업방법으로 받아들이는 순간 비주얼씽킹은 선택지가 아니라 수업을 지배하는 힘을 갖게 됩니다. 굳이 하지 않아도 될 내용을 이미지로 만드는 학습지 활동은 오히려 수업의 질을 떨어뜨립니다. 이차함수의 성질을 학습결과로 정리하는 데 비주얼씽킹을 활용하는 수업이 있었습니다. 학습지에 꽃잎 모양을 그리고 꽃잎 하나에 이차함수 성질 하나를 색깔로 꾸미는 중학생 학습지였습니다. 꽃잎으로 꾸미고 색칠하면 이차함수를 더 잘 이해하게 되는지 의문이 들었습니다.

모둠별 우수작을 선정하는 것도 불편했습니다. 학생들은 수업내용보다 이미지와 색깔을 중심으로 우수작을 선정하여 미술 재능이 돋보이는 시간으로 변했습니다. 학생들이 생각한 것과 정리한 것을 시각 언어로 간략히 이미지화한다면 장기기억에 훨씬 도움이 되는 것은 사실입니다. 다만 이미지화할 주제와 내용을 선정하는 것은 교사의 안목입니다.

모양을 그리고 색깔을 칠하는 데 쓰는 시간을 이차함수의 성질을 이해하고 관련된 문제를 풀이하는 데 사용해야 하지 않을까 싶습니다. 학생들이 모양을 구상하고 색깔을 칠하는 데는 의외로 많은 시간이 필요합니다. 이차함수의 성질을 나무 모양에 그리거나 사과 모양으로 그리는 것은 중요하지 않습니다. 학생들이 이차함수의 성질을 이해하고 문제를 해결하는 것이 수업의 핵심입니다. 이 시간에 학생들이 알아야 하는 것은 이차함수가 가진 수학적 성질입니다. 이차함수의 성질을 어떤 모양으로 쓸지를 디자인하는 시간이 아닙니다. 학생들에게 중요한 것은 이차함수를 교육연극수업으로 하느냐 비주얼씽킹수업으로 하느냐가 아니라 이차함수를 더 깊이 이해하고 풀이할 수 있는 능력을 갖추는 것입니다. 수업모형이나 수업의 형태를 전면에 내세워 힘을 줄 이유는 전혀 없습니다.

전략 셋, 토의토론수업

수업시간에 소극적인 학생들의 참여를 이끌고, 생각을 키우는 방법으로 토의토론수업을 많이 활용합니다. 흔히들 교사가 토의주제를 주고 모둠별로 토의한 후 발표할 자료를 만들죠. 그러나 이 방법에 약간 의문이 듭니다. 우리는 '모두 함께'에 대한 잘못된 신념이 있는 것 같습니다. '모두 함께' 하면 언제나 좋은 수업인 것처럼 생각할 때가 있습니다. 아는 것은 개인적인 학습작용입니다. 우리 모둠이 자료를 잘 만들었다고 해서 내가 잘 아는 것은 아닙니다. 학생들은 개인차가 있고, 학습속도에도 차이가 있으니까요. 각자 자기학습을 잘했을 때 의견의 질과 모둠토의로서의 가치도 높아집니다. 모둠토의에서 말을 많이 한다고 좋은 의견을 공유할 수 있는 것도 아닙니다. 내가 주제에 대해 아는 것이 없으면 토의할 수도 없습니다.

그러니 토의학습 전에 학생들이 얼마나 알고 있는지, 알아야 할 지식을 정확히 알고 있는지를 교사가 정확히 짚어야 합니다. 최근에는 토의학습의 종류도 많지만, 가장 중요한 것은 학생들이 자기가 알고 있는 지식을 말하고, 다른 사람의 의견을 듣고, 질문하고 탐구할 수 있는 능력입니다. 토의학습의 유형은 그다지 중요하지 않다고 생각합니다.

　교사의 취향이나 학습주제, 우리 반 학생들의 상황 등 필요에 따라 운영하면 됩니다. 괜히 특정 토의수업 방식을 수업모형으로 설정하면 불편한 수업이 됩니다. 학급경영에 권위적인 교사가 하브루타 단계로 수업한다고 해서 학생들의 생각이 깊어지는 것은 아닙니다. 형식적인 단계를 따라가느라 정작 우리 반 학생들에게 눈을 맞추기는 힘들어지니까요. 하브루타 수업단계보다 평소 학생들이 자기 생각을 말하고, 서로의 의견을 존중하는 학급문화가 훨씬 더 중요합니다. 교사의 열린 학급경영이 학생들에게는 시민사회를 경험하게 합니다.

　토의학습 주제가 적합한지, 학생들이 진짜 토의하는지, 토의결과는 수업설계에 근접하는지를 살펴야 할 것입니다. 모둠마다 컬러매직으로 화려한 발표자료를 만드느라 적지 않은 시간을 들이지만 인터넷 내용을 그대로 옮겨 적거나 내용이 부적절한 경우도 많습니다. 몇몇 학생이 모둠학습을 독점하기도 해 수업소외를 줄이기 위해 한 모둠토의가 또 다른 수업소외를 만들기도 합니다.

　학생들이 토의하는 것만으로는 수업주제를 다 채우기 어렵습니다. 학생들이 알고 있는 지식이나 탐구능력에는 한계가 있으니까요. 수업의 한 부분으로 토의를 하는 것이지, 수업 전체를 토의로 채우면 학생들의 학습상황을 진단하기 어렵습니다. 교사가 학습의 결과를 분명하게 정리하지 않는다면 학생들은 불분명한 개념이해와 핵심적인 요소를 놓치게 됩니다.

교사가 현장에서 바로 사용할 수 있는 수업전략과 수업방법의 효율성은 높습니다. 그러나 브레인라이팅 토의토론학습, PMI(긍정 vs 부정) 토의토론학습, 가치수직선 토론학습, 브레인스토밍 토의토론학습 등을 살펴보면 굳이 이런 이름으로 세분화하고 유형화하지 않아도 될 것 같다는 생각이 듭니다. 토의학습의 유형이 무엇인가가 아니라 학생들이 제대로 된 주제를 제대로 토의하는 것이 핵심입니다.

PMI 토의토론수업을 참관한 적이 있습니다. 국어 수업에 상당한 경력과 전문성을 인정받는 교사가 지역 교사를 대상으로 공개수업을 했습니다. 수업자의 용기와 도전에는 깊은 존중을 표하지만 수업 자체는 좀 당황스러웠습니다. 그날 교사가 제시한 학생들의 토의주제는 '선생님은 학생들을 체벌해도 되는가?'였습니다. 학생들의 의견은 선생님이니까 체벌해도 된다, 선생님이라도 체벌하면 안 된다는 두 갈래로 나뉘어 모둠학습지에 열심히 기록하면서 의견을 주고받았습니다. 학생들의 토의주제로 적합한지에 대한 의문이 떠나지 않아 참 불편하더군요.

체벌은 이미 사회적으로 금지를 합의했으며, 위반 시 법적 처벌을 받을 정도로 강력하게 제재하는 사항입니다. 이 주제는 학생들이 토의할 사항이 아닙니다. 교사라는 권위에 무조건 순종하게 만들거나 사회적인 질서를 무분별하게 부정하는 것은 학생들의 토의주제로 적합하지 않습니다. 학생들은 4인 1조로 모둠을 만들고 모둠학습지에 기록하고 전시하고 발표했습니다. 외형적인 움직임으로 보면 완벽한 수업이었지만 이 토의수업으로 학생들이 배운 것이 무엇일지 의문이 들었습니다. 교사는 PMI 토의수업의 절차를 적용하는 것에 집중한 나머지 토의의 내실을 들여다보지 못한 것 같았습니다. 교사가 토의학습에서 준비해야 할 것은 포스트잇과 컬러매직이 아니라 토의할 주제를 어떻게 도출할지, 주제가 적합한지, 학생들의 의견을 어떻게 심화시킬지에 대한 고민입니다.

전략 넷, 프로젝트수업

프로젝트수업은 학생들의 주도적인 학습력을 성장시키는 도전적인 수업방식입니다. 배움에 소극적인 한국 수업현장에서 적극적인 도입이 필요하기도 합니다. 그러나 프로젝트수업 사례 중에는 수업내용을 지식 유형별로 세분화하고, 복잡한 절차를 제시하여 다가서기 어렵게 느껴지는 경우가 있습니다. 필자는 학교에서 배우는 지식을 굳이 사실확인 및 실험형, 탐구형, 사고확장형으로 구분하는 등 프로젝트수업 유형을 복잡하게 세분하는 과정이 필요하다고 생각하지 않습니다. 이런 복잡한 절차가 교사들의 수업기획을 더 어렵고 힘들게 만드니까요. 프로젝트수업을 구성하는 단위수업 하나하나가 얼마나 완성도가 있는지, 정말 학생들의 탐구력을 자극했는지에 집중했으면 좋겠습니다.

건물은 조감도나 설계도와 일치하지만 수업은 교사의 수업기획안과 일치하기 어렵습니다. 수업기획안은 수업에서 예상되는 여러 현상을 온전히 담을 수 없으니, 장황한 프로젝트수업안을 구상하는 것보다 프로젝트수업을 구성하는 각 단위수업을 중요하게 다뤘으면 합니다. 전체에 휩쓸려 부분이 대충 묻어가서는 안 됩니다. 꼭 프로젝트수업이어야만 좋은 것은 아닙니다. 실제로 학교에서 교육과정재구성을 한 수업 중에는 프로젝트가 아닌데도 프로젝트수업이라는 이름을 붙인 경우가 많습니다. 수업 명칭에 구애받지 말고 좋은 수업의 길을 묵묵히 고민했으면 합니다.

수업은 전략이 아니라 배경지식 다지기

수업은 지식과 활동이 구분되어서는 안 됩니다. 중요한 지식을 배우고, 그 지식을 활동으로 자기화하는 과정입니다. 활동중심수업과 지식중심수업을 대치되는 개념으로 이해하면 안 되는 이유이기도 합니다. 수업주제에 따라 어떤 시간에는 지식교육이 더 큰 비중을 차지할 수도 있고, 어떤 시간은 활동이 중심이 될 수도 있습니다. 수업이 활동 중심으로 이루어져야만 선진적인 수업이라고 생각하는 것은 잘못입니다.

EBS에서 고등학교 1학년 두 개 반을 대상으로 활동중심수업과 지식중심수업을 하는 실험을 본 적이 있습니다. 국어 문학작품을 읽고 알게 된 점을 발표하는 수업이었습니다. 활동중심수업에서는 학생들이 느낀 점을 모둠별로 표현양식을 선택하여 UCC로 발표하기, 수채화 그림으로 발표하기, 라디오방송으로 발표하기 등의 형식으로 진행했습니다. 지식중심수업에서는 책을 읽고, 중요한 개념을 찾고 자기 생각을 정리해서 표현방법보다 내용에 집중하는 수업을 했습니다. 한 달 후 결과를 비교하니 객관식 평가와 논술형 평가에서는 지식중심수업을 한 학생들의 점수가 높았고, 말하기 평가에서는 활동중심수업을 한 학생들의 점수가 높았습니다. 이 실험을 통해 생각해 볼 점이 많습니다. 학생들에게 필요한 수업은 활동중심수업만도 아니고 지식중심수업만도 아닙니다. 내용을 정확히 알아야 할 때는 지식중심수업이 필요하고, 자기 생각을 말할 때는 활동중심수업이 필요합니다.

지식중심수업에 대한 무조건적인 거부감과 저항으로 학생들의 학력은 낮아지고 있습니다. 학생들의 활동과 발표만으로는 중요한 개념들을 공부하기 어렵습니다. 학생들이 재미있고 활발하게 발표하지만 내용성이 부족할 때가 많습니다. 내용성이 부족한 부분은 교사가 가르쳐야 할 부분입니다. 학생들끼리 토의할 시간을 많이 준다고 해결되지 않습니다. 지식이 없는 상태에서 토의시간이 길어진다고 지식이 채워지는 것은 아니니까요. 배경지식이 있어야 토의할 수 있고, 상대방의 말을 이해할 수도 있습니다.

학교수업은 학생들에게 배경지식의 기반을 단단하게 만들어주는 역할을 해야 합니다. 교사의 수업설계가 중요한 것은 어떤 배경지식을 중심으로 가르칠 것인지를 교사가 선택하고 판단해야 하기 때문입니다. 배경지식이 없으면 역량은 향상될 수 없습니다. 아는 것이 없

고, 할 수 있는 기능이 없는데 어떻게 역량이 향상될까요? 배경지식
이 있어야 기능도 향상되고, 지식의 전이도 가능하게 됩니다.

지식교육과 역량교육을 이분적으로 이해하는 것이 대표적인 예
입니다. 활동중심수업을 강조하면서 학생들의 주도적인 활동 참여와
발표를 강조합니다. 지금까지의 지식암기식 교육에 대한 저항이 큰
만큼 현장에 파급력이 큰 수업방식이기도 합니다. 우리가 이 지점에
서 짚어야 할 것은 지식암기식 수업과 지식 수업은 다르다는 것입니
다. 교사가 칠판 가득 판서하고 학생들이 따라서 공책에 쓴 것을 달
달 외워서 선다형으로 시험을 치르는 것은 지식주입식 강제수업입니
다. 반면, 지식 수업은 교사가 일방적으로 지식을 주입하는 게 아니
라 수업의 핵심적인 내용을 이해하고 사고하고 집중하며, 수업의 내
용성에 비중을 두는 형태입니다.

4.
수업설계에
매몰되다

교사들이 수업이 어렵다고 하는 것은 수업이론을 모르기 때문이 아닙니다. 수업이론을 잘 알아도, 수업지도안을 촘촘히 기획해도, 수업이 일그러질 때가 많습니다. 수업에는 너무나 많은 변수와 복병들이 있습니다. 그 변수와 복병을 견뎌내는 근간은 교사의 수업철학입니다. 수업철학을 거창하게 생각할 이유는 없습니다. 내가 수업할 때 중시하는 것이 있다면, 그것이 수업철학입니다. 그 수업철학을 기반으로 '우리 반 학생'에게 맞추는 것이 수업설계의 기본입니다. 그런데 요즘 주목받고 있는 수업설계 이론 중에는 복잡하고 까다로운 요소가 많습니다. 수업설계를 그렇게 복잡한 문서로 해야 하는지 의문입니다. 간단하고 명확하게 수업을 설계하는 게 더 매력적이지 않나요?

복잡하게 접근하는 수업설계는 이제 그만!

공개수업이 아니라 일상수업을 준비할 때 교사 대부분은 교과서 내용과 성취기준을 살피는 정도에서 시작합니다. 그 내용을 우리 반 학생에게 맞춰 적당히 재구성하려고 웹서핑도 하고, 유튜브를 찾기도 합니다. 이것이 일상수업입니다. 그런데 교사에게 가르치는 내용 범주를 '친숙해야 할 사실과 정보', '중요한 개념과 정보', '영속적 이해(일반화와 원리)'로 구분하라고 하는 수업이론이 있다면, 교사들은 당황할 것입니다. 필자도 친숙해야 할 사실과 중요한 개념이 어떻게 다른지 모르겠습니다. 수업을 설계하는 것보다 내용 범주를 3가지로 나누는 것이 더 어려운 일 같습니다. 내용 범주를 3가지로 나누는 것과 좋은 수업 사이에 절대적인 영향력이 있거나, 아니면 어떤 상관관계가 명확하다면 또 모르겠습니다.

예를 들어 일제 강점기 을사늑약과 관련한 을사오적, 고종, 늑약과 조약 등은 '중요한 개념'일까요, 아니면 '친숙해야 할 사실'일까요? 교사가 이렇게 애써 구분한 사실과 개념이 실제 수업에서 학생들에게 어떤 의미가 있을까요? 특정한 교육학 이론에 근거해서 수업을 설계하는 것이 좋은 수업을 만드는 건 아니라는 말을 하고 싶었습니다. 수업설계야말로 경제성과 효용성을 고려해야 합니다. 한 시간의 수업을 위해 여러 단계의 문서를 만들고, 긴 시간을 고민해야 한다면 너무 비효율적입니다. 수업설계는 교사의 문서작성 능력을 평가하는 시간이 아닙니다. 교사에게 수업은 어쩌다 하는 이벤트가 아닙니다.

매일 4~5시간을 해야 하는 일상적이고 연속적인 활동입니다. 한 가지 주제학습을 위해, 한 시간의 공개수업을 위해 과도하게 분석적인 절차를 요구한다면 지속적일 수 없습니다.

단순하게 접근하는 수업설계로 다시 시작

수업을 설계하는 교사에게 오늘 가르칠 내용이 사실인지 일반화 원리인지 구분 짓는 것이 그리 중요하지 않다는 것은 수업해본 사람이라면 동의할 것입니다. 수업에 꼭 필요한 것이 아니라면 수업설계를 복잡하게 할 이유가 없습니다. 수업에 실제로 필요한 과정을 준비하는 것이 훨씬 효율적입니다. 오늘 가르칠 내용에서 핵심개념이 무엇인지, 학생들이 알아야 할 지식과 기능은 어떤 것인지 윤곽선을 잡아두는 것이 수업의 흐름에 훨씬 도움이 됩니다.

수업의 흐름에 일관성이 없으면 교사가 가르쳐야 할 내용에 대한 명확한 그림을 그리지 못하고, 분절적인 활동으로 이어지게 됩니다. 형식적이고 이론적인 수업설계보다 실제 수업에 도움이 되는 설계를 해야 합니다.

학교에서 수업공개를 할 때 과도한 문서와 복잡한 절차를 거쳐야 한다면 수업이 교사들의 성장을 돕는 것이 아니라 피로와 불만을 가중하는 장치가 될 뿐입니다. 수업은 실행적 과정입니다. 외국 교육학자들이 만든 복잡한 수업이론을 내 수업에 그대로 적용하려고 애쓴다면 그것은 내 수업의 생태계를 간과한 행위입니다. 내 수업은 우리 반 학생과 교사인 내가 교육내용을 매개체로 한국사회의 문화적 영향 아래 엮어 가는 창의적인 시간입니다. 외국의 선진이론을 학습하고 탐구할 필요는 있지만 무조건 따를 필요는 없다고 생각합니다. 지금까지 교육학 사대주의로 우리 교육은 정체성이 흔들린 경우가 많았습니다.

수업을 설계할 때 수행평가나 지필평가가 필요하다면 평가는 융통성 있게 실시할 수 있습니다. 수업의 과정과 결과로서 평가가 존재하는 것이지, 평가를 위해 수업이 존재하는 것은 아닙니다. 평가문항을 작성하고 수업을 설계하는 것은 바람직하지 않습니다. 학생들을 평가하기 위해 수업하는 것이 아닙니다. 평가보다 더 중요한 것은 교사가 제대로 수업하는 것입니다. 평가는 학생이 수업한 내용을 얼마나 이해했는지, 무엇을 모르는지 판단하는 기초자료입니다. 학생이 잘했다고 스스로 판단한다고 해서 잘한 것으로 되는 것이 아닙니다. 평가는 개인적인 위로나 위안의 도구가 아닙니다. 결과에 집착하는 요소가 아니라 과정을 점검하는 과정으로 받아들여야 할 사항입니다. 한국교육에서 가장 취약한 부분이기도 합니다. 교사가 채점기준표를 제시하고 학생이 자기평가를 한다는 것은 얼핏 민주적인 방법인 것처럼 보이지만, 자세히 들여다보면 황당하고 소모적인 방식입니다.

예 1) 3학년 사회과 〈교통수단과 통신수단〉과 관련된 평가 루브릭입니다.

평가요소	평가준거			
	매우우수	우수	보통	미흡
사실과 정보를 활용하여 설명하기	옛날과 오늘날의 교통과 통신수단 발달을 조사하고 그에 대한 해석을 바탕으로 미래의 생활모습을 예상하여 말함.	옛날과 오늘날의 교통과 통신수단 발달을 조사하고 그에 대한 해석을 바탕으로 미래의 생활모습을 말함.	옛날과 오늘날의 교통과 통신수단 발달을 조사하고 그에 대한 해석은 했으나 미래의 생활모습을 말하지 못함.	옛날과 오늘날의 교통과 통신수단 발달을 조사하였으나 그에 대한 해석을 하지 못했고, 미래의 생활모습을 전혀 말하지 못함.

　　이 평가요소와 평가준거로 초등학교 3학년 학생들을 4단계로 나누는 것이 가능한지 의문입니다. 평가요소도 애매한데 평가준거는 왜 이리 길고 복잡한지 모르겠습니다. 3학년 학생들은 교통수단과 통신수단의 발달에 대해 해석하고, 변화 방향을 예측할 만큼 사회과학적인 지식이 없습니다. 이런 경우에 평가준거는 '해석을 하는 것'이 아니라 '사실을 아는 것'으로 해야 합니다. 위의 평가준거는 3학년이 아니라 6학년에 적용해도 어려운 요소들입니다. 이런 평가는 자칫 평가를 위해 수업내용을 꿰맞추는 상황을 만들기도 합니다. 학생들이 이 활동을 왜 하는지 생각할 틈도 없이 수행평가 PPT를 열심히 만들고, 학습지를 채워야 하는 수동적인 학습이 될 수 있습니다.

예 2) 다음은 4학년 〈살기 좋은 촌락과 도시 만들기〉와 관련된 평가 루브릭입니다. 이 평가의 특징은 교사 평가뿐만 아니라 평가의 신뢰도를 높이기 위해 학생들도 자기평가를 표시한다고 합니다.

평가요소	평가준거		
	우수	보통	미흡
자료 분석	자료수집을 통해 여러 방법과 관점에서 문제점을 분석하고 정리함.	자료수집을 통해 1~2가지 문제점을 분석하였으나 다양하지는 못함.	자료수집이 부족하고 문제점을 거의 제시하지 못함.
해결방안 제시	문제에 따른 해결방안과 실천방안을 다양하게 제시함.	문제에 따른 해결방안과 실천방안을 제시하지만 다양하지는 못함.	문제에 따른 해결방안과 실천방안을 거의 제시하지 못함.

위의 평가요소와 평가준거를 보면 전형적인 결과(성과)에 대한 평가입니다. 학습한 내용요소는 없고 자료 분석을 잘했는지, 결론 도출을 잘했는지가 맥락 없이 평가요소로 불쑥 나온 느낌입니다. 촌락과 도시의 문제점과 해결방안에 대해 평가해야 하는데, 관련 내용 요소는 없고 방법적인 요소만 평가요소로 들어가 있습니다.

또 이 루브릭에 나오는 용어들은 교수용어입니다. 초등학교 3·4학년이 이 기준을 읽고, 자기평가를 정확하게 하기는 어렵습니다. 만약 학생들의 자기평가를 고려했다면 학생들이 이해할 수 있는 용어로 루브릭을 만들어야 합니다. 물론 학생들이 자기평가를 했다고 해서 평가 신뢰도가 높아지거나, 학생들의 성장에 도움이 되는 평가라고 말할 수도 없습니다. 이 평가에서 중요한 것은 학생들이 무엇을 알고, 무엇을 모르는지에 대한 피드백 자료로서의 역할입니다. 루브릭 자료를 복잡하게 만든다고 학생들의 평가에 도움이 되는 것은 아닙니다. 무엇을 묻고, 무엇을 평가할지가 본질적인 평가의 역할입니다. 이런 루브릭보다 수업시간에 제대로 된 질문 하나를 더 하는 것이 학생들에게 도움이 될 것입니다.

5.
거대담론 vs
소외된 수업

교수평 일체화나 교육과정재구성, 교사별 교육과정, 교사별 평가라는 용어는 실체 없는 '거대함'으로 다가옵니다. 특별한 혁신학교나 수석교사라면 모를까 보통교사인 내가 할 수 있을 것 같지 않기 때문입니다. 하루하루의 수업을 고민하는 보통교사인 나에게 교수평 일체화가 왜 필요한지, 이게 진짜 수업으로 적용되는지 막연하게 느껴지는 것이 당연합니다. 보통교사의 고민과 관 주도의 교육정책 사이의 간극이 너무 큽니다.

교수평 일체화 – 하나하나를 반듯하게 세운 후 버무려야

최근에 회자되는 교육과정-수업-평가 일체화(교수평 일체화)에 대해 생각해봅시다. 3가지 영역의 일체화를 강조하는 것은, 지반공사가 부실한 집 3채의 지반은 그대로 둔 채 통로를 연결하고, 보기에만 크고 근사한 저택을 만들겠다는 발상으로 보입니다. 지반이 약한 집은 튼튼한 자재와 철근을 써서 다시 지반을 다지는 작업부터 해야 합니다. 통로를 만드는 것은 어렵지 않습니다. 통로는 임시로 만들거나 조립식으로 뚝딱 지을 수도 있습니다. 지금은 통로가 아니라 지반을 다지는 데 비용을 써야 할 시점입니다.

3가지 영역은 학교교육의 중심 키워드이며, 각 영역은 고유한 특징이 있고, 이를 내실화하기 위해서는 근본적인 노력이 필요합니다. 각각 부실한 3가지 영역을 수평적 개념으로 연결하거나 일체화 개념으로 나열한다고 완성도가 높아지는 것은 아닙니다. 국어 수업을 20분 동안 한 후 수학 수업을 20분 한다고 해서 통합수업이나 융합수업이 되는 것은 아닌 것과 같습니다. 지금은 어설프게 섞을 것이 아니라 교육과정, 수업, 평가 하나하나를 반듯하게 세워야 할 때입니다.

교육과정재구성 – 업무가 아니라 내 수업의 에센스로

교육과정재구성은 이제 선택이 아니라 기본적인 의무사항입니다. 그러나 받아들이는 교사들은 편안하지 않습니다. 나의 수업을 통해 그 필요성을 느낀 것이 아니라 교육청(학교)의 지시로 '재구성하는 방법(노하우)' 중심으로 연수를 받고, 강제하기 때문에 '나의 수업'에 어떻게 적용해야 할지 막막하고 방향을 잡기 힘들기 때문입니다. 어떤 학교는 학교 단위로 프로젝트수업 운영 주간을 지정하거나 1년에 2

번 이상 주제 중심 교육과정재구성을 지정하여 수업 콘퍼런스라는 자체 행사를 운영하기도 합니다. 필자가 염려스러운 것은 1년 동안 프로젝트로 운영하지 않는 수업이 훨씬 많은데 1년에 1번 하는 교육과정재구성에 무게중심이 있다는 점입니다. 일상수업으로 이루어지는 그 많은 수업에는 오히려 관심이 적습니다.

교육과정재구성은 항상 성취기준을 중심으로 해당 단원의 교육내용과 수업시수를 재구성하라고 합니다. 그러나 교사들이 수업준비를 위해 주로 보는 것은 교과서와 지도서입니다. 교과서와 지도서에는 성취기준이 명시되어 있지 않아 불편합니다. 성취기준 전체를 보고 내 수업에 해당하는 성취기준을 거꾸로 찾아야 합니다. 성취기준은 학년군별로 영역별로 기술되어 있는데, 단원에 맞는 성취기준을 찾기가 번거롭고 시간도 꽤 필요합니다. 이렇게 어렵사리 찾은 성취기준은 교과서 내용과 비슷해 찾지 않는다고 수업준비를 할 수 없는 것도 아닙니다. 교과 간 연계 지도를 할 때 학년의 전체 성취기준을 파악하고 있으면 수업설계가 쉬운 건 맞습니다. 성취기준은 일종의 바운더리(boundary) 역할을 하니까요. 그래서 수업공개나 세부지도안을 작성할 때면 평소에 하지 않던 성취기준을 찾아 적곤 합니다. 그러나 교과서의 주요 내용은 성취기준이나 교과목표와 분리된 것이 아니고, 교과서를 먼저 본다고 교육과정재구성의 방향이 틀린 것도 아닙니다. 예를 들면 다음과 같습니다.

5학년 수학 1학기 〈약수와 배수〉

학습문제: 최대공약수를 구해서 활용해보자.
성취기준: 공약수, 최대공약수의 의미를 알고 구할 수 있다.

6학년 과학 1단원 〈지구와 달의 운동〉

학습문제: 계절에 따라 남중고도, 낮의 길이, 기온은 어떻게 달라지는지 알아보자.
성취기준: 계절에 따른 태양의 남중고도, 낮과 밤의 길이, 기온 변화를 설명할 수 있다.

실제 수업준비에는 성취기준보다 더 중요한 것들이 많습니다. 성취기준은 교과서와 지도서 내용을 보면 대체로 짐작할 수 있습니다. 그러나 학생들이 가진 오개념을 찾아 바르게 지도하거나 학력부진으로 수업내용을 이해하지 못하는 학생들을 어떻게 지도할 것인가는 교사의 깊은 고민이 필요한 부분입니다. 그러니 성취기준을 명시하고 분석하는 것이 교사의 수업연구에 꼭 필요한지, 왜 필요하고, 어떻게 활용할 수 있는지를 살펴봐야 합니다.

교사의 수업연구에 일정한 절차와 형식을 요구할 이유는 없습니다. 수업연구가 수업의 질을 향상시키는 것으로 연결되는 것이 더 중요합니다. 핵심 성취기준을 찾고, 성취기준을 분석하는 과정에서 이미 교육과정재구성에 대한 피로감이 느껴집니다. 전지와 포스트잇, 매직이 중요한 게 아니라 학생들에게 의미 있는 수업은 무엇인지에 초점을 둬야 하며, 재구성 문서 만들기에 귀중한 시간을 소비하는 것은 아닌지 돌아봐야 할 때입니다.

2월에 반드시 앞으로 신학년에서 실시할 교육과정재구성 연중 계획을 무리하게 수립할 필요는 없습니다. 교육과정재구성은 학년을 운영하는 기간 내내 지속적으로 고민해야 할 사항이지 2월에 완성되어야 하는 것이 아닙니다. 2월에 세부적인 진도표를 작성하는 대신 큰 주제나 단원을 중심으로 대강의 얼개만 짜면 됩니다. 필자의 경우를 보더라도 2월에 작성한 차시별 진도표가 제대로 지켜진 적은 거의 없습니다. 당연히 진도표 따로 실제 수업 따로 진행되었습니다. 교육과정재구성은 계획보다 실제 수업으로 실행되는 과정에 주목해야 합니다. 학생들이 수업에 몰입하고 의미 있는 수업이 되는 게 중요하지, 문건에 남는 횟수와 시수가 중요한 것은 아니니까요. 이런 면에서 교육과정재구성을 필수 업무가 아니라 '내 수업'의 윤활유로 여겼으면 좋겠습니다.

좋은 수업이란 어떤 방식으로 교육과정을 재구성했는지가 결정하는 게 아닙니다. 백워드 교육과정재구성 절차에 따라 단원목표와 질문을 개발하고, 평가계획을 세우고, 학습경험 및 수업계획을 세웠다고 해서 다 좋은 수업이 되는 것도 아닙니다. 타일러식으로 교육과정을 설계하든 백워드식으로 교육과정을 설계하든, 특정한 방식 하나가 내 모든 수업상황에 절대적으로 효과적일 수는 없습니다. 하나의 사례로 적용해보는 것은 가능하지만, 그 많은 절차를 형식화하는 데 시간을 쓰는 건 비효율적입니다. 최신 외국이론 알기, 체계적인 분석으로 문건 만들기, 분석적 평가기준 세우기, 학생들의 인지와 행동을 분리해 세분하는 데 시간을 쏟기보다는 '우리 반 아이들'에게 집중하라고 말하고 싶습니다.

- 수업내용이 학생들에게 적합한가?
- 나는 내 수업에 몰입하는가?
- 왜 학생들은 수업에 집중하지 못하는가?

거창하게 미래역량이나 4차 산업혁명을 말하지 않아도 수업고민의 출발점은 '학생'과 '교사인 나 자신'이 되어야 할 것입니다. 수업은 문서가 하는 것이 아닙니다. 문서작성에 투자하는 시간을 학생들에 대한 고민으로 채워야 합니다.

필자가 수업 임상연구에서 알게 된 것은 학생들의 흥미와 탐구는 순서대로 이루어지는 것도 아니고, 수업의 과정이 분절적인 조각으로 구분되지도 않는다는 점입니다. 세부적인 학습계획에서 간과하기 쉬운 게 실제 수업에서 나타나는 학생들의 반응과 수업의 즉흥성 부분입니다. 분석적인 수업계획이 성공적인 수업을 담보하지는 않습니다. 지도안에 명시된 활자가 교사의 언어로 전달될 때 화학적 변화가 일어납니다. 같은 지도안으로 수업해도 학생들의 반응이 다른 이유가 그 때문입니다. 수업혁신을 위해 집중해야 할 것은 분석적인 수업계획이 아니라 수업의 실제 상황을 통하여 수업을 성찰하는 것입니다.

수업에서 학생들이 어떻게 반응하는지, 수업의 실제가 어떻게 이루어지는지를 임상적으로 살펴봐야 합니다. 내 수업을 촬영해서 보면 내 모습이 온전히 보입니다. 의외의 모습들을 발견하게 될 것입니다. 어조, 몸짓, 시선, 학생들의 눈빛, 수업 분위기 등을 한꺼번에 볼 수 있습니다. 교사 중에 자신의 수업을 촬영해서 본 사람은 의외로 많지 않습니다. 낯설고 익숙하지 않으니까요. 처음 한 번의 두려움을 극복한다면 자신의 수업성장에 큰 도움이 될 것입니다.

교육과정재구성이 부담스러운 이유 중 하나는 절차가 너무 복잡하다는 것과 작성해야 할 문건이 너무 많다는 것입니다. 그렇게 만든 문건이 실제 수업으로 제대로 연결되지 않는다는 것도 이유입니다. 화려한 수업계획은 이론과 절차에 따라 가능합니다. 그러나 실제 수업은 유기체와의 결합으로 이론이나 문서가 담아내지 못하는 즉흥성과 예술성이 있습니다. 촘촘한 수업계획과 절차에 얽매여 실제 수업에서 학생들의 질문과 반응을 간과하지는 않았는지 돌아봐야 합니다.

교육과정재구성 자체가 좋은 수업을 결정짓는 것은 아닙니다. 프로젝트 교육과정재구성이 부담스럽다면 단위수업 재구성을 권장합니다. 교과서를 그대로 가르치기에는 뭔가 우리 아이들에게 맞지 않는다는 느낌이 든다면 그게 수업재구성의 출발이 됩니다. 교과서 내용이 너무 쉽거나 어렵다고 느껴질 때, 내용이 너무 많거나 적다고 느껴질 때, 교과서 내용과 관련하여 우리 반이나 학교에서 경험한 것이 있을 때 수업재구성에 한발 더 다가설 수 있습니다. 실제로 많은 교사가 나름대로 수업재구성을 하고 있으면서도 교육과정재구성이라는 말을 들으면 위축되고 부담스러워합니다. 자신이 실천하고 있는 소소한 수업재구성은 교육과정재구성이 아니라고 생각하기 때문입니다. 연수에서 들었던 주제 중심 프로젝트수업도 아니고, 특별한 형식을 갖춘 문건으로 만든 것도 아니라고 생각하기 때문입니다.

2~3년을 주기로 수업과 관련한 신조어가 나옵니다. 필자도 수업모형이 모든 것을 해결하는 줄 알고, 교과별 수업모형을 목숨처럼 준수하고 수업을 구조화하는 데 전력을 다하던 시절이 있었습니다. 지금은 수업모형이 수업의 질을 담보할 수 없다는 결론을 내리게 되었습니다. 이제 수업모형의 허상이 보이기 때문입니다. 수업모형이란 학습자를 타자화시킨 채, 수업의 과정을 기계적으로 구조화시킨 일률적인 형태입니다. 수업에서 중요한 것은 틀에 고정된 프로세스(process)가 아니라 학생과 교사의 상호작용에 따라 융통성 있게 운영되는 창의성입니다. 수업은 똑같은 지도안을 가지고 진행해도 교사에 따라 그 과정이 전혀 달라지는 일종의 예술작품이기 때문에 모형으로 수업을 제어할 필요는 없습니다.

학교의 '일상수업'이 좋은 수업이 되어야 합니다. 공개수업이 퍼포먼스나 연중행사가 되어서는 개선될 수 없습니다. 아이들을 마루타로 만들어서는 안 됩니다. 정책의 프레임으로 수업용어를 만들고, 그 틀로 수업을 포장하는 일은 이제 그만해야 합니다.

과학시범학교에서 프로젝트수업을 참관한 적이 있습니다. 교사는 프로젝트수업에 신념이 충만했으나 학생들은 그다지 흥미를 보이지 않았습니다. 이유는 간단합니다. 프로젝트 학습주제는 거창했고, 차시별로 빼곡한 과제를 바쁘게 수행하여 번듯한 결과물로 산출해내야 하는 것은 학생들의 몫이었기 때문이었습니다. 학생들이 그 학습에 몰입하여 새로운 것을 알게 하는 게 아니라 프로젝트 학습의 결과물을 만드는 데 중점을 두는 것 같았습니다. 이런 경우 수업의 형식은 프로젝트 학습이지만, 속을 들여다보면 철저히 교사 지시형 수업이고, 일방적인 수업구조인 데다가 학생들의 역할은 매우 수동적입니다. 학생들이 지속적으로 흥미를 갖고 탐구할 수 있는 수업주제인지, 이 프로젝트로 학생들이 무엇을 알게 되는지, 활동들은 의미가 있는지에 신중해야 합니다. 모둠별로 만들어내는 알록달록한 산출물이 수업의 질을 말하지 않습니다. 학생들의 탐구력을 이끌지 못한 수업설계는 생명력이 부족합니다. 화려하지 않더라도 학생들의 탐구력을 끌어내는 것이 수업의 우선과제이고, 이 탐구력이 수업의 처음이자 끝이 되는 수업동력입니다.

아무리 좋은 수업이론도 교사가 일상수업에서 적용하기 힘들다면 일반화하기 어렵습니다. 너무 원론적이거나 교사의 열정페이를 무한정 요구한다면 확산하기 어렵습니다. 교육과정재구성 또한 마찬가지입니다. 원론적인 필요성이나 당위성만으로는 실천으로 연결되기 힘듭니다. 단계를 낮추어 한 시간의 수업 속에서 실천 가능한 범주로 만들어야 합니다. 교육과정재구성이 꼭 필요하다면, 교사가 일상의 수업에서 실천할 수 있어야 한다는 말입니다.

정책적으로 교육과정재구성을 확대한다고 해서 우리의 일상수업 속으로 녹아드는 것이 아닙니다. 정책이 수업의 변화로 이어지려면 성과와 강제가 아니라 저변의 수업문화 확산이 필요합니다. 저변의 수업문화 확산은 공감과 실천으로 가능합니다. 학교마다 전문학습공동체로 연수학점을 이수한다고 해서 학습공동체가 되는 것은 아닙니다. 학습공동체로 무엇을 할지 '콘텐츠'에 대한 공유가 없다면 유지되기 어렵습니다. 성과를 가시화하기 위해서 조직의 양적 확산에 애쓰는 경우가 많습니다. 연수에 참여하는 교사 수, 연수 운영 횟수, 네트워크 숫자 등이 교육계가 주로 이용하는 성과기준입니다. 각종 네트워크 조직이 무성하지만 내실 있게 유지되는 경우는 드뭅니다. 구성원에게 필요한 '콘텐츠'를 중심으로 하는 것이 아니라 조직을 조직하는 것 자체가 목적이기 때문이지요. 성과를 정량적인 수치로 높이려고 하는 교육행정도 우리가 경계해야 할 요소입니다. 연구학교를 많이 운영한다고 학교교육이 발전하는 것은 아님을 우리는 이미 알고 있습니다. 시장 논리로 학교교육의 효율성을 평가할 때 학교는 매우 허약하고 소모적인 조직이 될 수밖에 없습니다.

교사별 교육과정 – 교육과정의 질이 담보되어야

외국 교육이론을 충분한 성찰 없이 그대로 전파하는 교육학자들을 보면 학문적 양심이 의심스럽습니다. 학교에서는 교사들의 공동연구와 집단지성을 위해 전문학습공동체를 시스템으로 정착시키고 있습니다. 공동수업안과 수업나눔을 강조합니다. 그런데 한편에서는 교사별 교육과정을 말합니다. 교사마다 교과서에 얽매이지 말고, 자신만의 교육과정을 편성해서 운영하라고 합니다. 기존 학교현장에 대한 정확한 이해와 성찰 없이 선진국에서 교사별 교육과정을 운영한다고 하니 덥석 들여왔다는 생각이 들 뿐입니다. 교사별 교육과정을 운영하는 나라는 교과서가 없는 나라인 경우가 많습니다. 영국이나 핀란드에서 환경이라는 주제를 지도할 때, 특정한 교과서 없이 교사가 주제에 맞는 학습활동을 구성한다는 이야기를 들었습니다.

세계에 또 다른 수업변화가 일어나고 있습니다. 영국의 REACH Academy와 미국 뉴욕 Bronx 지역 초등학교에서는 90년대부터 해왔던 활동중심수업에서 교육과정 방향을 수정하며 학교 자체적으로 교과서를 제작하는 등 학생들의 배움의 과정을 체계화하고 있습니다. 배워야 할 내용에 대해 표준적인 기준이 필요하다는 요구에서 시작되었는데 그 결과 수업의 방향이 명확해지고, 소외지역 학생들의 학력이 향상되었다고 합니다. 교사 간의 수업코칭도 수업의 질을 향상시키는 데 큰 역할을 했다는 이야기는 우리에게 시사하는 바가 큽니다. 다른 교사의 수업을 보고 좋은 말로 말치레를 하는 게 서로에게 상처를 주지 않는다는 안이한 발상으로 제대로 된 수업나눔을 하지 못하고 있습니다. 상처를 주는 것과 수업을 코칭하는 것은 질적으로 다른 행위입니다.

일부에서는 공개수업 시 아예 교사의 질문이나 수업설계는 신경 쓰지 말고, 특정 학생만을 정해서 그 학생에게 배움이 일어나는지를 관찰하라는 수업참관법도 있습니다. 참관하는 교사들의 관심이 특정 학생에게 집중되니 수업하는 교사의 부담이 적은 방법입니다. 수업에 지속적으로 참여하지 못하거나 특이한 학생들을 수업참관 때 집중해서 관찰한 후 수업자에게 피드백하면 도움이 될 수도 있습니다. 그러나 수업참관의 방향 자체를 특정 학생에게만 두는 것은 수업시선을 좁게 만듭니다. 수업은 가르침과 배움이 동시에 일어납니다. 학생들의 배움만 보겠다는 것은 수업의 50%를 포기한 것입니다. 학생들의 배움은 교사의 가르침과 매우 밀접한 연속적 관계입니다. 또 하나 생각해봅시다. 공개수업에 낯선 선생님이 와서 자기만 계속 쳐다보고 있는데, 그 학생은 얼마나 어색하고 불편하고 눈치가 보일까요? 그 과정을 보고 학생의 배움이 일어났다거나 또는 일어나지 않았다고 결론짓는 것은 신뢰성이 떨어집니다. 학생의 평소 학습활동과는 거리가 있을 수 있고, 일상적이지 않으니까요.

우리나라에는 국정교과서가 있습니다. 교과마다 학년군마다 성취기준도 일목요연하게 제시하고 있습니다. 국정교과서를 온전히 다 가르칠 필요는 없지만, 학습의 맥을 짚는 데 좋은 자료로 활용할 수 있습니다. 무조건 교과서를 버릴 것이 아니라 무엇을 취하고, 무엇을 버려야 할지 결정하려면 교과서를 꼼꼼히 살펴보고 판단할 수 있어야 합니다. 교육과정재구성은 동학년이 공동으로 설계하고 실천하는 일련의 협력 과정입니다. 필자는 교사별로 교육과정을 운영해야 할 이유를 아직 발견하지 못했습니다.

6학년 교육과정을 교사별로 운영한다는 학교를 들여다보았더니 재미있는 풍경이 있었습니다. 일단 각 교사는 두꺼운 학급교육과정을 갖고 있었습니다. 그 내용을 보니 6학년 1반은 월요일에 하는 수업을 6학년 2반에는 화요일에, 6학년 3반은 그 다음주에 하는 것으로 편성했고, 이것을 '교사별 교육과정 운영'이라고 지칭하고 있었습니다. 시간 분배를 다르게 한다고 교사별 교육과정은 아닙니다. 굳이 이렇게까지 눈 가리고 아웅 하는 식으로 정책을 실천해야 하는 이유가 무엇인지 모르겠습니다. 불필요한 두꺼운 문서를 만들 시간에 차라리 내일 가르칠 수업을 준비하라고 말하고 싶습니다.

교사별 교육과정 문서를 만든다고 수업이 달라지는 것도 아닙니다. 자칫 교사들 간의 전문성과 열정 차이로 학급마다 편차가 심해질 수도 있습니다. 교사별 교육과정에 대한 피드백 없이 무조건 교사별로 다르게 운영하라는 것은 위험합니다. 그 위험성을 최소화하는 장치가 공동으로 사고하고, 협의하고, 실천하는 것입니다. 형식적인 집단지성이 아니라 교육과정의 질을 담보하기 위한 장치입니다. 막연하게 교사들이 다 알아서 하니까 전문가니까 하는 식으로 얼버무리는 것은 책무성 없는 소리입니다. 질 낮은 교사별 교육과정 운영에서 가장 피해를 보는 것은 학생들입니다. 학생들에게 필요한 것은 교사별 교육과정을 하느냐 안 하느냐가 아니라 교사가 충실하게 수업연구를 해서 좋은 수업을 하는 것입니다.

교사별 평가 – 평가문항의 질이 우선

학교현장에 맥락도 없이 떨어지는 교육지침 때문에 원칙이 사라지고 있습니다. 학습은 학생들에게는 배움의 과정이어야 합니다. 교사의 문건 여부로 학습활동을 판단해서는 안 됩니다.

교사별 평가 또한 같은 맥락입니다. 공동연구를 통해 수업했는데 왜 평가문항은 교사별로 작성해야 하는지 이해할 수 없습니다. 공동연구로 수업했다면 공동으로 평가문항을 제작하는 것이 당연합니다. 유사한 수업을 했는데 굳이 평가문항은 각자 제작하라고 요구하는 것이 이상한 것입니다. 교사별로 평가문항을 작성하라는 지시에 따라 교사들은 문항의 배열을 반마다 바꾸고, 숫자를 바꾸는 정도로 교사별 평가라고 합니다. '질 낮은 평가문항을 교사별로 각자 작성하는 것보다 학년에서 공동으로 제작하는 게 맞다'라는 것이 필자의 기본 입장입니다. 학생들에게 1반과 2반의 평가문항이 다른지 같은지는 아무런 상관이 없습니다. 학생들에게 평가는 배운 내용을 얼마나 이해했는지, 모르는 것을 어떻게 피드백 받는지가 중요합니다. 교사별 평가에 연연하는 것은 평가의 본질을 망각한 것입니다.

필자가 교사별 평가보다 강조하는 것이 평가문항의 질입니다. 교사가 좋은 문항을 제작하기 위해서는 수업에 대한 성찰과 학생들의 학습상황을 반성적으로 생각할 수 있어야 합니다. 교사가 집중해야 할 부분은 좋은 평가문항을 제작하고, 그 평가결과에 대한 피드백을 어떻게 하느냐입니다. 교사마다 복잡한 평가요소와 기준을 제작하고 형식적인 학생 자기평가를 하는 것보다 더 중요한 것은, 학생들이 몰랐던 부분을 평가를 통해 좀 더 명확히 이해할 수 있도록 피드백하는 과정이니까요.

한 명의 학생, 한 시간의 수업, 한 번의 질문을 고민할 때

교육과정-수업-평가 일체화는 일괄적인 정책이나 문서로 가능한 것이 아닙니다. 교육과정재구성을 주제별로 했다고 해서 수업이 달라지는 것은 아닙니다. 이제 정책 용어는 그만 만들고 수업을 들여다보는 일에 관심을 두었으면 합니다. 1년에 한두 번 하는 프로젝트 수업보다 매일매일 하는 5~6시간의 일상수업이 더 중요합니다. 교육과정재구성이라는 이름으로 수업을 형식화하는 데 많은 시간을 투자하지만 학생들의 일상수업에는 특정한 이름이나 수업모형이 없습니다. 그 수업들이 훨씬 더 의미 있는 배움의 시간이 될 수 있다는 것을 간과해서는 안 됩니다.

학교마다 2월 중순이 되면 신학기 준비를 합니다. 교육과정재구성도 하고 프로젝트수업 계획도 합니다. 그러나 2월에 준비한 수업계획을 얼마나 실천하는지는 의문입니다. 막연한 문서를 만드느라 2월에 바쁜 시간을 허비하지 말고 동학년 교사들이 모여 교과서라도 훑어보면서 큰 주제만이라도 함께 고민하는 것이 더 의미 있는 신학년

준비가 될 것입니다.

　큰 프로젝트 안에서 각각의 수업이 어떻게 이루어지는지, 교사가 어떤 질문을 하는지, 학생들이 어떻게 반응하는지, 학생들의 활동은 정말 의미가 있는 것들인지를 살펴봐야 합니다. 큰 집을 짓고, 외벽을 화려하게 칠하고, 현관은 멋지게 만들었는데 집 안 내부공사는 대충하는 느낌입니다. 감리도 없고, 감독도 하지 않는 건설현장 같습니다. 집이 좀 작아도, 외벽을 화려하게 꾸미지 않더라도 내부가 단단한 집을 지어야 내구성이 있다는 것을 우리는 알고 있습니다. 수업도 마찬가지입니다. 교수평 일체화를 부르짖기 전에 1시간의 수업부터 돌아봐야 합니다. 오늘 수업이 학생 한 명에게라도 울림이 있었는지, 생각할 질문을 하나라도 했는지 말입니다.

6.
배움만 있고
가르침은 없는 교실 수업

최근에 수업 관련 책들이 다양해지는 것은 고무적인 현상입니다. 수업철학이 여러 관점에서 제시되는 것은 바람직한 변화입니다만 곱씹어야 할 구절들도 보입니다.

- 수업은 교사가 가르치는 것이 아니라 학생들이 배우는 것이다.
- 교사는 가르치기보다는 공감하며 기다리는 사람이다.
- 교사는 가르치기보다는 학생들을 관찰하며 조력하는 사람이다.
- 교사가 가르쳐야 할 것은 지식이 아니라 성취기준이다.
- 수업 성공의 열쇠는 학생에게 있다.

경력 10년 언저리에 있는 교사들이 이런 말을 자신 있게 하는 것을 보면 당황스럽기도 합니다. 공통점은 교사의 가르치는 역할을 최소화한 채 안내자 역할을 강조한다는 것입니다. 이 말들을 찬찬히 보면 우리를 지배하는 수업철학을 만나게 됩니다.

수업은 교사가 가르치는 것이 아니라 학생들이 배우는 것이다?

왜 교사인 우리가 스스로 가르치는 역할을 최소화하려고 애쓸까요? 가르치는 것은 우리가 지양해야 할 나쁜 것일까요? '가르치다'라는 말의 사전적 의미는 '깨닫게 하거나 익히게 하는 행위'입니다. 깨닫거나 익히게 하는 행위가 적폐의 대상이고, 교사가 최소화해야 할 행위일까요? 왜 가르치는 교사는 일제식이고 진부하고 일방적이라고 생각하게 되었을까요?

최근에 학생중심 패러다임이 수업과 교육과정 전반을 지배하면서 왜곡된 것 같습니다. 교사의 가르치는 행위 자체가 문제가 아니라 지금까지 잘못 가르쳐온 행위들이 문제입니다. 지시적이고 암기식으로 가르치는 행위를 경계해야 하지, 가르치는 행위 자체를 축소하거나 최소화해야 할 것은 아닙니다. 학생들의 모둠활동을 내실 있게 운영하려면 교사가 수업기획을 잘해야 합니다. 어떤 질문을 할지, 주제선정의 과정을 어떻게 할지 교사는 미리 꼼꼼하게 생각해야 합니다. 이 모든 것이 가르치는 행위입니다. 학생들의 활동과 교사의 가르침은 이분법적으로 대치되는 영역이 아닙니다.

학생들을 몰입시키기 위해서는 잘 가르쳐야 합니다. 요즘은 교사의 가르침과 학생의 배움만을 분리하고 배움을 강조하면서 교사의 역할을 약화하는 듯한 인상을 줍니다. 학생들의 배움을 위해 교사의 가르침을 함께 강조하는 것이 맞습니다. 좋은 가르침이 좋은 배움으로 성장합니다. 학생들이 배울 수 있도록 잘 가르쳐야 합니다. 학생들이 저절로 몰입하고, 저절로 배울 수 있다면 학교와 수업, 교사의 역할은 필요 없으니까요. 유튜브에서 배울 수도 있고, 책을 통해서도 배울 수 있습니다. 다만 배움의 경로를 차별화한 것이 학교이고 수업입니다. 그만큼 수업은 학생들에게 배움의 과정을 차별화하여 더 잘 가르쳐야 하는 책무성이 큰 시간입니다. 교사는 수업을 디자인하는 사람이고, 수업을 설계하는 사람입니다. 그러나 수업을 디자인하든 배움을 디자인하든 그 자체가 학생들에게 중요한 것은 아닙니다. 굳이 말 잔치로 포장지를 바꾸는 데 시간을 낭비하지는 말았으면 합니다.

교사는 가르치기보다는 공감하며 기다리는 사람이다?

학생들을 지도하다 보면 당연히 학생들의 심리도 이해해야 하고, 특별한 상황에 공감도 할 수 있어야 하고, 학생들을 잘 진단할 수 있어야 합니다. 그렇다고 교사가 마냥 응석을 받아주고 아무 감정이나 다 수용하고 인내해야 하는 존재는 아닙니다. 교사의 역할은 지덕체 교육입니다. 친절한 선생님, 착한 선생님 콤플렉스가 과잉되어 학생들의 학습은 사교육에 의지한 채, 학교는 그저 즐겁고 행복하기만 하면 되는 것으로 착각하는 것 같습니다. 수업을 열심히 하는 교사는 학생들에 대한 이해도가 높습니다. 학생 개개인과 눈맞춤을 많이 합니다. 좋은 수업은 학생들에 대한 공감과 열정 없이는 불가능합니다. 교사의 가르치는 행위와 학생들에 대한 공감을 분리하는 수업철학을 이해할 수 없는 이유가 이것입니다.

교사는 가르치기보다는 학생들을 관찰하며 조력하는 사람이다?

일방적으로 가르치는 것은 누구에게라도 나쁜 일입니다. 더군다나 교사가 일방적으로 가르친다면 참 나쁜 교사입니다. 그러나 일방적으로 가르치는 것이 나쁘다고 해서 학생들을 관찰하고 조력하기만 하면 되는 것은 아닙니다. 학습활동은 탐구하고 고민해야 하는 인지작용입니다. 관찰하고 조력하는 것으로 학습이 이루어진다면 얼마나 편하고 좋을까요? 하지만 관찰과 조력만으로는 학생들의 학습력이 향상되기 힘듭니다. 학습하는 과정은 많은 인내와 노력이 필요한 시간입니다. 학습의 과정을 너무 단순하게 단정하지 않아야 합니다. 교사는 조력뿐만 아니라 학습이 이루어질 수 있도록 자극하고 이끌 수 있어야 합니다. 학생들의 사고를 성장시킬 수 있는 도움판(scaffold)을 잘 만들어주어야 합니다.

가르친다는 것이 답을 가르치는 것을 말하는 것은 아닙니다. 생각하는 방법을 가르치고, 탐구하도록 가르치고, 의견을 말하도록 가르치고, 남의 말을 경청하도록 가르치고, 토의할 수 있도록 가르치고,

내 생각을 글로 쓰도록 가르치는 등 많은 것이 모두 가르치는 행위입니다. 교사가 철저하게, 잘 가르칠수록 학생들의 배움의 기회는 다양해지고 깊어질 것입니다.

활동중심수업을 강조하면서 수업에서 교사의 역할을 안내자로 규정지었습니다. 요즘은 '가르친다'라는 말을 매우 권위적이고 지시적인 단어로 치부합니다. 가르친다는 말 대신에 '배움을 안내한다, 배움이 일어나도록 도움을 준다' 등으로 표현하라고 합니다.

교사의 역할을 학습의 안내자가 아니라 '가르치는 자(instructor)'로 명확히 규정해야 합니다. 가르치는 사람은 학습 안내뿐만 아니라 학습 결과에도 책임을 져야 하기 때문입니다. 교사가 수업에서 소극적인 안내자에 머문다면 그만큼 수업에 대한 책무성도 약해집니다. 안내자의 역할은 열심히 안내하는 행위로 끝날 뿐 안내의 결과에 대해서는 책임지지 않으니까요.

교사가 가르쳐야 할 것은 지식이 아니라 성취기준이다?

지식을 가르쳐서는 안 되고 성취기준을 가르치라는 것도 지나친 이분법입니다. 성취기준은 지식과 별개가 아닙니다. 성취기준은 학년에서 학습해야 할 지식의 범주에서 나온 기준치에 불과합니다. 심지어 학생 상황과 수준에 맞게 수정할 수도 있는 것이 성취기준입니다. 경직되고 편협한 사고로 수업을 들여다보면 장애물들이 점점 많아집니다. 성취기준 안에 이미 지식을 포함하고 있으니 둘을 분리할 것이 아니라 유기적으로 연결해야 합니다. 수업은 성취기준도 필요하지만 그 시간에 배워야 할 지식도 분명히 존재합니다. 학생들이 지식에 대해 가져야 할 태도는 지식을 부정하고 배격하는 태도가 아니라 잘못된 지식을 지각하고 좋은 지식을 선별할 수 있는 인식력을 키우는 것입니다.

수업 성공의 열쇠는 학생에게 있다?

수업 성공의 열쇠가 학생에게 있다는 생각은 수업을 지나치게 단순화한 것입니다. 냉정하게 생각해봅시다. 학생들이 스스로 학습동기를 갖고 수업에 적극적으로 참여하는 경우는 극히 드뭅니다. 학생들은 매일 아침 그날 배울 교과나 지식 내용보다는 그날의 급식 메뉴가 뭔지에 더 관심을 두고 등교합니다. 학생들의 학습동기는 수업이 진행되는 과정에서 생기는 것이 대부분입니다. 이 과정은 온전히 교사의 노력으로 만들어집니다. 학습동기 없이 수업이 종료되기도 하고, 어떤 학생들은 교사의 수업설계와 활동에 따라 동기가 증가하기도 합니다. 같은 학생이라도 교사가 어떻게 수업하느냐에 따라 학습자세가 달라집니다. 교사의 수업 책무성이 그만큼 크다는 말이기도 합니다. A라는 학생의 학습동기와 학습력은 개인의 형질입니다. 이 학생에게 어떤 재료와 자극들이 input 되는지에 따라 output도 달라집니다. 그래서 수업 변화는 '교사'에서 시작된다고 해도 과언이 아닙니다.

수업을 준비하는 사람은 교사입니다. 수업의 중심내용을 무엇으로 할지, 어떤 형태로 할지, 어떤 질문을 할지 수업 전에 고민하는 사람은 학생이 아니고 교사입니다. 학생 대부분은 수업 전에 수업을 고민하지는 않습니다. 수업 중 학생의 참여와 사고를 이끌어가는 것도 교사의 중요한 역할입니다. 교사가 수업을 어떻게 기획하느냐에 따라 학생은 수동적인 존재가 되기도 하고, 적극적인 활동가가 되기도 합니다.

7.
기초학력을 둘러싼 딜레마

　기초학력 지원은 지방조례와 국정과제로 삼고 있는 중요한 영역입니다. 많은 예산을 들여 별도로 학습상담사를 채용하여 방과 후에 학교로 찾아가 학습부진아를 지도하기도 합니다. 학습상담사를 만나 개별적인 지원을 받을 수 있는 학생은 극소수에 불과합니다. 나머지 학생들은 학습부진이 더 심각해지는 상황입니다. 기초학력 지원 정책을 본격적으로 시행한 지가 7~8년이 넘는데도 여전히 해마다 비슷한 숫자의 학습부진아가 나옵니다. 신기하게도 3월의 학습부진아는 12월이 되면 모두 구제된 것으로 나오는데, 매년 3월이 되면 작년 학생수만큼 부진아가 등장합니다. 학습부진의 요인은 다양해서 학교가 온전히 모든 것을 책임질 수는 없습니다. 다만 학교는 학습부진 요소를 해결하기 위해 노력할 뿐입니다. 학습부진이 된 이후에 지원할 것이 아니라 학습부진이 되기 전에, 해당 학년의 학습과업에 부진이 발생하지 않거나 최소화되도록 책무성을 가져야 할 것입니다. 결국 일상수업에서 교사가 학생의 수업상황을 점검하고 피드백하는 것이 최우선입니다. 학습부진이 누적될수록, 학년이 높아질수록 학습부진에서 벗어날 확률이 점점 줄어든다는 사실은 현장에서 쉽게 확인할 수 있습니다.

최소한의 학습능력은 길러야

교육부에서 발표한 2019학년도 국가수준 학업성취도평가 결과를 보면 생각해볼 문제가 있습니다. 최근 5년 치 평가 결과를 비교하면 기초학력미달 학생 비율이 계속 증가하고 있습니다. 기초학력미달 학생의 비율이 중학교는 국어 2.6→4.1%, 수학 5.7→11.8%, 고등학교는 국어 1.3→4.0%, 수학 5.4→9.0%로 증가했고, 영어의 경우 3.3% 수준으로 비슷했습니다. 이 수치는 기초학력미달(100점 만점에 20점 이하)만 해당하는 것이며, 실제 수업을 이해하기 힘든 기초학력수준(20~50점)의 학생은 제외한 것입니다. 기초학력수준 학생 비율까지 포함한다면 훨씬 더 학력 미달자가 많은 상황입니다.

이 평가 결과를 거론하는 것은 단순히 학생들의 시험 성적이 낮아졌다는 것을 말하고자 하는 것이 아닙니다. 학생들이 그 학년에서 적정하게 알아야 할 지식을 이해하지 못하고 있다는 현상을 심각하게 받아들여야 합니다. 기초학력미달자가 증가한 것과 상관없이 대한민국 학생들이 행복하게 살 수 있다면 또 다른 이야기가 될 것입니다. 학생들의 행복은 성적순이 아니라며 국가수준 학업성취도평가 결과를 인정하지 않는 사람도 있지만 그것은 현실을 직시하지 못하는 자세입니다. 학생들을 서열화하자는 것이 아니라 학생들이 살아가는 데 필요한 기본지식은 갖추도록 학교가 책임을 져야 한다는 것입니다.

기본지식도 없고, 탐구 의지도 없는데 행복하기만 하면 된다는 논리는 억지입니다. 부탄 국민의 행복지수가 높다고 우리가 그들의 삶의 질을 부러워하지는 않습니다. 우리가 추구하는 행복은 삶의 질을 담보한 행복이어야 합니다. 지금 가르쳐야 할 것을 가르치지 않아 생긴 결손을 다음에 학생들의 인생에서 보상할 수 있는 길은 없습니다. 또 정책 입안자의 개인적인 신념으로 학생들이 피해를 본 경험도 많습니다. 한 가지만 잘하면 대학에 갈 수 있게 한 정책이나 한글 교육을 위해 한자 교육을 전면 폐지한 교육정책은 학생들에게 다양한 배움의 기회를 박탈했고, 한자문화권으로 이루어진 세계와 소통하기 어렵게 만들었습니다. 그 피해는 모두 학생의 몫입니다. 아무도 정책의 실패를 인정히지도 책임지지도 않습니다.

즐거운 학교, 행복한 학교의 허상에서 벗어나야 합니다. 최소한의 학습능력이 있어야 자기관리와 사회적 관계에도 자신감을 가질 수 있습니다. 사회적 지식과 예절을 알아야 다른 사람과 소통할 수 있습니다. 금융 지식을 알아야 자신의 경제생활을 설계할 수 있습니다. 그래서 지식교육을 개인의 행복에 반대하는 이분법으로 깎아내려서는 안 됩니다. 학생들은 그 나이에 맞게 배우고 익혀야 할 지식과 기능과 태도를 익혀서 자기화해야 합니다. 그 과정이 이루어지는 것이 수업입니다. 교사가 단순히 수업의 안내자이기만 하면 안 되는 이유입니다. 중요한 지식을 선별하고, 지식을 확장할 수 있도록 가르치는 역할을 해야 합니다. 학생들의 배움을 한발 물러서서 지켜보는 것이 아니라 배워야 할 것에 대해 명확히 제시하고 심화시킬 수 있어야 합니다. 학습 결과에 대해서도 책임져야 합니다. 누군가를 탓하자는 것이 아닙니다. 수업에서 교사의 역할을 좀 더 분명하게 하자는 것입니다. 교사는 적당히 안내만 하는 사람이 아닙니다. 수업의 공적 책임자입니다. 가르친 것을 평가하고, 피드백해야 합니다. 그것이 책임있는 교사의 자세입니다.

학생들을 성장시키는 개혁이 되어야

혁신교육을 하든 진보교육을 하든 정치 진영의 이념으로 학생들이 피해를 보는 일은 없어야 합니다. 특정 프레임에 매몰되어 그 논리로만 교육을 바라보는 시각은 편협하기까지 합니다. 그래서 필자는 특정한 교수이론이나 수업이론을 선호하지 않습니다. 프레임에 매몰되는 순간 이분법이 발생하고, 다른 시각을 거부하고 무시하게 됩니다. 학교가 행복해야 한다고 해서 또는 몇 번의 이벤트를 연다고 해서 학생들이 행복해지지는 않습니다. 배움의 과정이 너무 지겹고 어렵습니다. 평가 때문에 항상 불안과 좌절에 시달립니다. 정말로 학생들의 행복한 삶을 위한다면 학생들을 가장 힘들게 하는 것들을 개혁해야 합니다. 잘못된 정책으로 학력을 저하시켰을 뿐 학생들은 행복해지지 않았습니다.

수학은 학생들이 가장 어려워하는 교과입니다. 2019년 OECD에서 수학문제 풀이시간과 수학 흥미도를 조사했는데, 재미있는 결과가 나왔습니다. OECD 평균이 43분이었는데 한국 학생들은 34분 만에 수학문제를 풀어 세계 1위를 차지했습니다. 영국은 40분으로 10위, 미국은 42분으로 20위, 덴마크는 44분으로 44위였습니다. 그런데 수학 흥미도에서 한국 학생은 28위였습니다. 수학문제를 매우 빨리 풀 수 있지만 수학에 대한 흥미는 매우 낮다는 결론입니다.

초등학교 4학년부터 수학은 어려운 과목으로 분류되어, 6학년 중에도 이미 수학을 포기한 학생들이 많습니다. 중고등학교는 말할 것도 없습니다. 안타까운 것은 수학 성적이 높은 학생도 수학에 대한 불안과 공포감이 높다는 것입니다. 우리나라 수능 수학문제를 덴마크 코펜하겐 닐스브룩 고등학교 수학교사들에게 보여주었더니, 한국은 왜 이렇게 수학시험을 어렵고 복잡하게 내는지 이해하기 어렵다는 반응을 보였습니다. 덴마크에서는 너무 어렵거나 복잡한 문제는 시험에 내지 않는다고 합니다. 학생들이 과도하게 스트레스를 받고 좌절하게 되면 수학 자체에 흥미를 잃기 때문에 학생들이 동기를 갖고 지속할 수 있는 수준에서 수학 난이도를 조절한다고 합니다. 오로지 평가의 변별력을 중시하며 최대한 문제를 꼬아서 출제하는 한국의 평가관과 기본적인 평가철학이 다릅니다. 학생이 실수해서 틀리게 만드는 문항이 아니라 배웠던 것을 정리하고 전반적으로 복습하는 시간이 바로 평가입니다. 덴마크 학생과 교사들이 수학 시험에서 집중하는 것은 점수가 아니라 답을 구하는 과정에서 무엇을 알게 되었는지, 모르는 것을 어떻게 해결해야 하는지 고민하는 것이었습니다.

형식적으로 과정중심평가니 성장중심평가니 하는 용어를 만든다고 해서 그것이 학생들을 성장시키는 평가가 되는 것은 아닙니다. 수학은 학생들이 시간과 사교육비를 가장 많이 투자하는 교과입니다. 그런데도 늘 불안하고 좌절한다면 한국의 수학교육과정과 수학 평가를 개혁해야 합니다. 평가의 목적을 변별적 기능에 두는 한 우리 교육은 아이들을 잃어버리게 됩니다. 학습에 반복적으로 좌절된 학생들에게 활동중심수업으로 즐겁게 수업하라는 것은 상식적으로도 맞지 않는 정책입니다.

기본교육을 충실히 해야

미국의 코어날리지 재단 설립자인 에릭 허시나 인지과학자 대니얼 윌링햄의 연구를 종합해보면, 학생들이 학습하는 데 가장 필요한 것은 관련된 배경지식이며, 배경지식이 있으면 오래 기억하고 잘 이해할 수 있어 학습 흥미도도 높아진다는 것을 알 수 있습니다. 학생들에게 필요한 지식을 체계적이고 효과적으로 제공해야 학생들의 뇌에 저장되는 기억들이 증가합니다. 장기기억 속에 저장된 지식이 많아야 지식 간 연계와 융합을 시도할 수 있습니다. 이런 지식 간의 결합이 쌓여서 역량이 개발됩니다. 기본교육을 충실히 하지 않은 채 막연하게 갖가지 역량을 강조한다고 학생들의 역량이 향상되는 것은 아닙니다. 이 부분은 2부에서 더 자세히 언급하려고 합니다.

2017년 경제협력개발기구(OECD)가 국제학업성취도평가(PISA)를 분석한 〈학생 웰빙 보고서〉에 따르면 한국 학생들의 주당 학습시간은 49.4시간으로 OECD 평균 33.9시간보다 15.5시간이 많습니다. 학생들의 건강한 생활을 위해 실시한 정책으로 9시 등교와 0교시 폐지 등이 있습니다. 청소년기의 수면시간을 늘려 '푹 자고 잘 크는' 학생들의 삶을 위해 마련한 9시 등교제의 의도는 좋았지만 실상은 좀 다릅니다. 정책을 시행한 지 5년이 넘었지만 9시 등교로 학생들의 수면시간과 아침식사 습관이 개선된 것 같지는 않습니다. 학생들의 일상생활에 어떤 긍정적인 효과가 있는지 찾을 수 없습니다. 오히려 20~30분 일찍 등교해 아침운동을 하거나 독서하는 시간이 없어지고 늦잠 자고 곧바로 1교시 수업을 하는 상황이 되었습니다.

고등학교에서 0교시 수업을 없앤 것을 교육성과라고 얘기한다면 모순입니다. 학교 0교시 수업을 없앴다고 학생들의 하루 총 학습시간이 줄어든 것은 아니니까요. 오히려 사교육 시간이 지속적으로 증가하고 있습니다. 조례로 오후 10시 이후 학원 교습을 금지하고 있지만 이것 때문에 사교육을 줄였다는 학생은 보지 못했습니다. 너무 쉽게 조례나 교육정책을 내는 것도 문제고, 실패한 정책을 폐지하지 못하고 계속 이어가는 것은 더 심각합니다. 아무도 지금 실시 중인 정책에 대해서는 피드백하지 않습니다. 누구도 책임지지 않습니다.

| 2부 |

수업을 둘러싼 9가지 의문

0.
수업을 둘러싼
9가지 의문

늘 수업을 가까이하면서 수업에 대한 의문이 왜 이렇게 많은지 이상하게 생각하는 분도 있겠지만, 이 의문들은 약 10년간의 수업 임상연구를 통해 갖게 된 것들입니다. 어떤 의문은 이론에 대한 성찰에서, 어떤 의문은 패러다임을 형성하고 있는 정책에서 비롯된 것도 있습니다. 실제 수업을 보면서 이론이나 정책과는 거리가 있다는 것을 알게 되었고, 수업을 둘러싼 이야기를 실제 교실 안에서 풀어내고 싶었습니다. 원론적이고 형식적인 담론이 아니라 일상수업 속에서 말입니다. 이론과 정책이 수업을 둘러싼 장외 이야기라면, 교실 속 수업이야기는 장내의 이야기입니다. 교실 속 수업이야기라고 해서 수업 에피소드나 수업 넋두리 같은 것은 아닙니다. 이 책에서만큼은 분절적인 에피소드나 일회적인 경험, 감성적인 수업이야기는 하지 않으려고 합니다.

수업을 규정하는 영원불변한 가치가 없다는 측면에서 왕도가 없다는 말은 사실일 수 있습니다. 그러나 왕도가 없다는 말로 모든 수업을 같은 범주로 묶는 것은 곤란합니다. 분명히 수업의 결에는 차이가 있으니까요. 이해를 돕기 위해 수업을 좋은 수업과 나쁜 수업으로 범주화한다면 나쁜 수업에 가까운 수업들은 엄연히 존재합니다. 여기서 '나쁘다'라는 것은 도덕적인 개념으로 옳고 그르다는 것이 아닙니다. 세련된 자료로 수업하지만 학생들의 마음에 다가가지 않는 수업, 학생들의 눈높이에 맞지 않는 배움문제를 제시하는 수업, 학생들이 활동은 많이 했는데 배운 것은 없는 수업, 학습지 풀이로 일관하는 수업, 교사와 학생이 무기력한 수업, 학생들의 재미에 치중한 나머지 수업의 방향성을 상실한 수업, 힘들고 복잡하게 만든 교육과정재구성이 수업으로 연결되지 않는 수업, 유행하는 수업전략을 쫓아가기 바쁜 수업 등이 그 예입니다.

좋은 수업에 도달하기에는 너무 막연하며 그 도착점을 알 수도 없습니다. 실체가 없는 지점이기도 합니다. 좋은 수업을 목표로 삼는 대신 나쁜 수업 요소들을 하나씩 개선하는 것이 더 현실적인 목표라고 봅니다. 마치 훌륭한 삶을 사는 것을 목표로 하기보다는 다른 사람에게 피해를 주지 않고 나에게 주어진 역할과 소임을 완수하는 삶을 목표로 삼는 것이 우리에게 훨씬 실천 가능한 삶인 것과 같습니다. 같은 맥락으로 필자는 교감이 되려는 후배 교감들을 멘토링할 때 좋은 교감이 되겠다는 야심을 버리라고 말합니다. 대신 나쁜 교감이 되지 않도록 일상에서 신독(愼獨)하라고 이야기합니다. 우리는 저절로 최고의 선을 실천할 수 있는 그런 성인은 아니기 때문에 스스로 긴장감을 가져야 초심을 잃지 않습니다.

1.
[의문 1] 학습문제: 분명하게 제시하면 끝?

수업을 할 때 학습목표로 진술할지, 학습문제로 진술할지 고민하던 시절이 있었습니다. 최근에는 배움문제 형태로 제시하는 경우가 많습니다. 학교에 따라 수업 전에 칠판에 제시하라는 곳도 있고, PPT로 제시하기도 합니다. 특히 공개수업은 평소와는 다른 형태로 배움문제를 제시합니다. 그런데 이런 고민은 학습문제를 '왜' 제시하는가보다 '어떻게' 제시할까 하는 방법론에 가깝습니다. 사실 학습문제든 배움문제든 학생들은 별 관심이 없습니다. 교사들이 생각하는 것만큼 학습문제 제시 형태가 수업에 미치는 영향력도 별로 없습니다. 학습문제가 학생들의 학습동기가 되려면 제시 형태가 아니라 학습문제 자체의 내용성을 들여다봐야 합니다. 수업에서 어떤 배움문제가 진술되는지 몇 가지 예를 들어보겠습니다.

교수용어로 제시되는 학습문제

예) 다음은 2학년 〈말의 재미를 찾아서〉 수업의 학습문제입니다.

학습문제: 그림책 『슈퍼거북』 장면을 보고, 흉내 내는 표현을 사용하여 문장을 만들
어봅시다.

수업자는 학생들에게 학습문제를 확인시키기 위해 큰소리로 읽
게 했습니다. 그러나 함께 큰소리로 읽는다고 학생들이 의미를 되새
기며 읽는 것은 아닙니다. 선생님의 지시에 따라 발화를 했을 뿐입니
다. 2학년 학생이 학습문제를 읽는 것과 동시에 의미를 파악하는 것
은 불가능합니다. 너무 길고 어렵습니다. 왜냐하면 이 학습문제는 4
가지 학습과제를 담고 있기 때문입니다.

첫째, 그림책의 내용을 알아야 합니다.
둘째, 흉내 내는 표현을 알아야 합니다.
셋째, 장면에 맞는 흉내 내는 표현을 알아야 합니다.
넷째, 그림책의 장면을 흉내 내는 표현을 사용해서 문장으로 만들
어야 합니다.

2학년 학생들이 쉽게 이 4단계의 학습과정을 파악하거나 이해할
수는 없습니다. 자세히 들여다보면 이것은 수업자가 전개할 수업의
구조이자 수업의 흐름입니다. 학생들을 배움의 장으로 끌어들이는

학습문제가 아니라 교사의 수업목표를 제시한 교수용어입니다. 이 학습문제를 읽고 학생들이 학습에 흥미를 갖거나 동기가 생기기는 힘듭니다. 학생들의 감각과 촉을 깨우는 용어가 아니기 때문입니다. 학습문제가 수업의 흐름 전체를 담지 않아도 됩니다. 이 수업의 핵심내용은 학생들이 흉내 내는 말을 활용하는 것입니다. 굳이 그림책의 제목을 학습문제로 내세워 길게 만들지 않아도 됩니다. 학생들에게 동기를 줄 수 있는 학습문제가 아니라면 제시한다고 별로 도움이 될 것도 없습니다. '학습문제 제시-학습문제 확인' 같은 단계로 수업을 시작하는 역할을 할 뿐입니다. 필자가 이 주제로 수업을 한다면 다음과 같은 질문으로 시작하고 싶습니다.

질문: 『슈퍼거북』을 읽고, 내가 찾은 흉내 내는 말은 무엇인가요?

학생들의 학습동기는 자신을 주어로 했을 때 가장 커집니다. 학생 개개인을 학습의 중심에 서게 하는 방법은 각자 질문을 생각하게 만드는 질문입니다. 이때의 질문은 학습의 단초가 되는 것이지 학습결과를 총괄하는 것은 아닙니다. 그림책 『슈퍼거북』은 흉내 내는 말을 상상해보는 도구에 불과합니다. 그림책이 아니어도 되고, 몸짓을 보고도 흉내 내는 말을 만들 수 있습니다. 유행하는 그림책, 최신 수업 아이디어를 좇지 않아도 충분히 좋은 수업이 가능합니다. 한발이라도 배움에 다가설 수 있도록 질문할 수 있으면 됩니다. 교사가 아무리 거창하고 수려한 학습문제를 제시한들 학생들에게 동기가 안 된다면 아무런 의미가 없습니다. 가장 소박하게, 가장 진솔하게, 우리 반 학생들이 최소한의 관심이라도 두도록 의문을 주는 것이 학습문제가 되어야 합니다. 그래서 필자는 핵심질문 형태로 학습문제를 시작하기를 권하고 있습니다. 3부에서 이 부분을 자세히 다루려고 합니다.

훈육적인 덕목으로 제시되는 학습문제

도덕이나 사회 수업을 할 때 의외로 훈육적인 결론으로 제시되는 학습문제가 많습니다. '위인의 훌륭한 점을 본받자, 통일 실천의지를 가져보자' 등 학생들의 고민과 선택과정 없이 이미 종착지가 덜컥 제시된 형태입니다. 학생들은 전혀 실천의지를 가질 마음이 없는데도 말입니다.

예) 다음은 2학년 슬기로운 생활 〈이런 집 저런 집〉 수업의 학습문제입니다.

학습문제: 내가 잘할 수 있는 집안일을 알아보고, 실천하는 마음을 가져 봅시다.

이런 유형의 학습문제는 주물틀에 쇳물을 부어서 똑같은 형태로 찍어내는 느낌이 듭니다. 이 학습문제의 '내용'에 주목해서 살펴보면 배움에 대한 학습동기보다는 수업자의 의도를 지시적으로 제시한 것이라는 걸 알 수 있습니다. 특히 '실천하는 마음을 가져 봅시다'라는 것은 도덕 수업에 자주 등장하지만 학생들의 실천력을 높이는 것 같지는 않습니다. 기계적이고 당위적인 명제만으로 학생들의 도덕적 감흥을 이끌 수는 없습니다. 실천의지를 가지라고 해서 실천의지가 생기는 것이 아니니까요. 실천의지는 학생들의 내면이 훨씬 견고하게 작동해야 가능한 부분입니다. 내가 잘할 수 있는 집안일을 아는 것과 실천하는 마음을 갖는 것을 한 줄로 제시할 것은 아닙니다.

학생 입장에서 생각해볼까요? 수업을 시작하는 선생님이 '실천하는 마음을 가져 봅시다'라는 학습목표를 제시했다고 마음에 와닿을까요? 학습에 대한 동기가 생기기보다는 불편해지거나 무관심해질 것입니다. 당위적인 결론을 이미 만들어 놓고, 이것을 수업이라는 형태로 강요하는 것은 전형적인 주입식 교육입니다. 모든 강의식 수업이 주입식이 아니라 생각할 틈 없이 한 방향으로 몰고 가는 것이 주입식 수업입니다. 이 수업의 목표는 2학년 학생들이 각자 자기가 할 수 있는 집안일을 알아보고 일상생활에서 실천하는 것입니다. 좀 더 편안하게 수업에 접근하는 방법은 없을까요? 필자가 이 수업을 한다면 다음과 같은 질문으로 접근하고 싶습니다.

질문: 우리집 집안일은 누가 하고 있나요?
　　　내가 잘하고 있는 집안일은 어떤 것이 있나요?

수업은 간단한 스토리텔링으로 시작합니다. 중학생 딸이 방 청소를 안 해서 힘들고 짜증 난다는 일상 이야기로 말입니다. 그리고 학생들에게 질문을 이어갑니다.

"여러분의 집에서 방 청소는 누가 하나요?"

"설거지는 누가 하나요?"

"여러분이 하는 집안일은 어떤 것이 있나요?"

학생들이 발표한 것을 칠판에 기록하면 우리 반 학생들이 집에서 하는 일을 유목화할 수 있고, 나도 가족의 일원으로서 집안일을 해야 겠다는 이야기를 끌어낼 수 있습니다. 실천의지라는 것을 교사의 입으로 말하는 것이 아니라 수업을 한 학생들의 입에서 나오게 해야 합니다. 그래야 자신의 실천의지가 되니까요.

교사의 수업목표로 제시되는 학습문제

예) 다음은 5학년 수학 수업입니다.

> 학습문제: 직육면체 겨냥도의 뜻을 알고, 겨냥도를 그리는 방법을 알아보자.

최소한 교사의 수업목표와 학생의 학습문제는 구분되어야 합니다. 교사의 수업목표는 방향성이 분명해야 하고, 가르치는 과정이 확실하게 설계되어야 합니다. 그러나 학생들에게 제시되는 학습문제는 교사의 교수용어가 아니라 학생들에게 동기가 될 수 있는 용어로 출발해야 합니다. '겨냥도를 그리는 방법을 알아보자'라고 제시한다고 학생들의 학습의욕과 동기가 고취되는 것은 아닙니다. 과학적 수업관에서는 흔히 목표를 분명하게 제시하는 것이 수업의 도달점에 이르는 데 효과적이라고 말하지만 수업상황에서 보면 꼭 그런 것도 아닙니다. 학생들은 수업 초반에 제시하는 교사의 수업목표에 별로 관심이 없습니다. 아무리 구체적으로 칠판에 적는다고 해도 마찬가지입니다. 다 같이 큰소리로 수업목표를 읽는다고 학습동기가 생기는 것이 아닌 것과 같습니다.

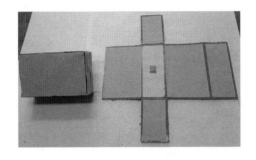

필자가 이 수업을 한다면 위 그림처럼 집에 있는 종이상자 2개를 준비해서 수업자료로 사용하겠습니다. 학생들에게 보여주면서 선생님이 오늘 왜 종이상자를 갖고 왔는지 질문함으로써 '직육면체'라는 용어를 학생들이 말하도록 유도합니다. 우리 눈에 보이는 종이상자의 숨은 모양을 찾아내는 것으로 도형과 겨냥도의 개념을 정리하는 것이 더 실감 날 것 같습니다. 먼저 종이상자를 펼쳤을 때 어떤 모양이 될지 상상하도록 하고, 그 모양을 그리게 하고, 이후 실제로 종이상자를 해체해서 자신이 그린 것과의 차이를 비교하게 합니다. 마지막에는 도형으로 있는 종이상자와 겨냥도로 해체한 종이상자를 동시에 보여줌으로써 도형과 겨냥도의 개념을 연결할 수 있습니다. 학습문제는 '종이상자의 비밀을 찾아라' 또는 '종이상자를 펼치면 어떤 모양이 될까요?' 등 아주 단순하게 제시합니다.

학생 입장에서 학습문제를 생각해보면 너무 경직될 필요가 없다는 것을 알게 됩니다. 수업주제나 수업자의 선택에 따라서는 수업 시작단계에서 반드시 학습문제를 제시해야 하는 것도 아닙니다. 모두가 똑같이 수행해야 하는 게 아니라 '내가 제시하는 학습문제(배움문제)가 정말로 학생들의 학습동기를 자극하는가'를 고민하는 것이 학습문제에서 고려해야 할 최고의 자기 질문이라고 생각합니다.

 정리 콕콕! 생각 콕콕!

선생님은 위와 비슷한 고민을 한 적이 있으신가요?

1.

2.

필자는 이렇게 생각합니다

1. 학습문제(배움문제)는 교수용어가 아니라, 학생들의 눈높이에 맞는 용어로 제시해야 합니다.
2. 학습문제(배움문제) 제시는 수업을 시작할 때, 칠판에 꼭 제시하지 않아도 됩니다.
→ 학습문제를 제시할 때는 '어떻게'가 아니라 '왜'를 고민해야 합니다.

2.
[의문 2] 배움중심수업:
수업이 배움만으로 완성될까?

　우리는 늘 좋은 수업을 꿈꿉니다. 학생들이 동기를 갖고 학습과정에 창의적이고 적극적으로 참여하기를 고대합니다. 좋은 수업은 배움과 가르침이 어우러지는 시간입니다. 좋은 수업은 가르침과 배움으로 분리되는 것이 아닙니다. 교사가 잘 가르치지 않는다면 학생들의 배움이 충만해질 수 없습니다.

　'배움중심수업'이라는 용어 속에 우리 교육의 일그러진 여정이 비칩니다. 해방 이후 새교육운동이 시작되었지만 실질적인 수업의 변화는 의외로 더디었습니다. 주기적으로 새로운 수업형태가 혜성처럼 나타나지만 수업의 본질적인 문제를 마주하지는 않았습니다. 전국이 코너학습으로 열광했던 열린수업, 창의성수업, 사고력신장수업, 프로젝트수업, 질문이 살아있는 수업, 토의토론수업 등이 등장했지만 학생들은 오히려 수업에서 더 멀어지는 기이한 현상이 나타났습니다. 개혁의 움직임으로 학생들을 수업의 주인으로 끌어들인다는 차원에서 배움중심수업이라는 용어가 등장한 것은 고무적이지만, 균형감각이 있는 용어인지 살펴보아야 합니다. 특정 용어를 만들고 자의적으로 해석하는 것은 매우 위험한 일입니다. 용어는 보편성이 있어야 하며, 객관적인 동의를 얻을 수 있을 만큼 설득력이 있어야 합니다. 반드시 그 용어가 있어야만 하는 존재 이유가 분명해야만 합니다. 배움중심수업이라는 용어가 이 조건들에 다 부합되는지가 의문입니다. 명사와 명사를 조합하여 추상적인 용어로 재탄생시키고, 자꾸 해석을 덧붙여 포장지를 만드는 것은 굉장히 억지스럽게 느껴집니다.

배움중심수업이란 학생이 배움의 주체가 되어 삶의 역량을 키우는 수업이라고 하더군요. 그러나 학생이 저절로 배움의 주체가 되는 것은 아닙니다. 먼저 배운다는 것에 흥미를 느끼는 것이 선행조건입니다. 그 선행조건을 충족시키는 것이 교사 가르침의 역량입니다. 배움중심수업은 수업의 형태나 수업의 방법이 아니기 때문에 머릿속에 딱히 그려지는 것은 아닙니다. 수업을 개혁하자는 일종의 수업철학운동입니다. 수업의 틀을 바꾸려는 고민이 현장에서 실천되는 것은 매우 발전적이지만, 완전히 새로운 철학에서 태동한 것은 아닙니다. 있는 현상을 직시하고, 좋은 수업을 방해하는 요소들을 하나씩 줄여나가는 것이 수업개혁의 출발점이 될 것입니다. 새로운 용어를 만들어 이전의 수업과 단절시키는 것보다는 현재의 수업을 깊이 있게 들여다봐야 한다는 말입니다.

'학생이 행복한 수업'이 배움중심수업의 철학이라고들 합니다. 그럼 교사의 행복은 배움중심수업에는 없거나 작아야 하는 걸까요? 교사는 학생들의 행복을 위해서 수업을 해주는 존재는 아닙니다. 교사는 교수자로서, 수업자로서 수업하는 주체입니다. 학생이 행복한 수업이 되기 위해서 교사도 만족하고 행복해야 합니다. 수업의 행위에는 공공성이 있고, 궁극적으로 학생들의 배움을 이끌어가는 과정입니다. 그러므로 교사의 수업을 마치 학생을 위한 봉사나 학생의 행복을 위한 배려처럼 접근하는 자세는 공정하지 않습니다. 수업에서 교사의 존재가 점점 작아지고 학생들의 존재만 극대화하는 느낌마저 듭니다.

배움중심수업을 설명하는 주변 용어들도 참 많습니다. 삶과 앎의 일치, 행복한 배움, 행복한 수업, 자기로부터의 성장, 삶의 주체, 배움씨, 배움연결, 배움체험 등 필자는 이런 용어들이 너무 작위적이고 추상적이라는 느낌이 듭니다. 이런 수많은 용어가 왜 필요한지 이해하기 힘들다는 것이 솔직한 마음입니다. 아무 때나 등장하는 '행복'이라는 단어를 보면 대한민국 사람들의 불안과 우울이 오히려 행복론에 집착하게 만드는 것만 같습니다.

배움열기, 배움전개, 점프학습, 배움닫기로 진행되는 배움중심수업에서 그다지 배움이 실감 나지 않는 것은 수업의 형식성만큼 수업의 내용성이 담보되지 않기 때문입니다. 매시간 배움을 열었다 닫았다 할 수는 없습니다. 매시간의 수업이 모두 도입(hop)−스텝(step)−점프(jump)가 가능한지도 모르겠습니다. 매시간 점프학습이 가능하다면 공부를 어려워하는 학생은 아무도 없어야 할 것입니다. 점프학습이 매시간 그렇게 쉽게 자주 일어난다면 모두 우등생이어야 합니다. 점프 이전에 스텝이라도 정확히 하고 있는지 살피는 것이 더 필요한 것 같습니다. 수업단계가 늘 3단계로 성장곡선을 그릴 수는 없습니다. 수업안에 점프단계라고 설정하는 것이 중요한 게 아니라, 학생들이 스텝을 제대로 밟고 있는지, 스텝단계에서 알아야 할 것을 제대로 아는지 피드백하는 것이 더 중요합니다.

수업하는 우리에게 형식화된 수업절차가 중요한 것은 아닙니다. 배움중심수업이라는 용어로 수업지도안을 바꾸어 쓴다고 학생들의 배움이 즐거워지는 것은 아닙니다. 배움중심수업의 잣대를 정하고 저울질할 시간에 좋은 질문을 하나라도 더 만드는 것이 학생들에게 유익하다고 봅니다.

좋은 수업이란 교사가 학생들의 존재를 귀하게 여기고, 그들이 살아갈 미래를 따뜻한 눈으로 마주하도록 배움의 자세를 자극하고, 학습의 과정에서 서로의 생각을 나눌 수 있도록 애쓰는 과정입니다. 당연한 이야기라고 할 수 있는 이것이 가장 소박하고 본질적인 수업관일 수 있습니다. 고전적이기도 합니다. 과거의 것들이 모두 적폐의 대상이 되는 것은 아닙니다. 과거를 제대로 성찰하지 않는 섣부른 개혁이 진정한 변화를 만들지 못하는 이유는 동력과 생명력이 부족하기 때문입니다. 사회가 변해도 교육의 공공성은 보존되어야 하듯이 좋은 수업관은 시대가 달라져도 크게 변하지 않습니다.

배움중심수업이 성공하기 위해서는 학습자의 적극적인 참여와 협력 과정이 필수입니다. 문제는 학생들의 적극적인 참여와 협력이 말처럼 쉽지 않다는 것입니다. 학생들에게 적극적으로 참여하라고 하면 적극적으로 참여하던가요? 협력하라고 하면 협력이 저절로 되던가요? 이것은 모든 교사의 화두이기도 합니다. 그만큼 어렵습니다. 시간마다 다르고, 학급마다 다르니까요. 필자가 주목하는 부분은 배움중심수업이 아니라 배움중심수업을 가능하게 하는 선행조건입니다. 사람들의 눈에는 활짝 핀 꽃만 보입니다. 뿌리와 토양의 영양분은 보이지 않습니다. 배움중심수업이 활짝 피려면 뿌리와 토양이 든든해야 합니다. 내 화분에 거름은 주지 않고 남의 집 화분과 비교하고, 화분 색깔만 바꾸려고 한다면 꽃의 생명은 오래갈 수 없습니다. 그래서 수업에서 뿌리와 토양이 되는 2가지 선행조건을 제시하려고 합니다. 배움중심수업이라는 말이 아니어도 됩니다. 좋은 수업이면 됩니다.

조건 하나, 교사의 질문력

학생이 중심이 되어 스스로 배우게 하는 것이 배움중심수업이라고 합니다. 어떤 혁신학교 교사는 수업은 가르치는 것이 아니라 학생들이 배우도록 하는 것이라고 자신 있게 말하더군요. 학생들에게 가장 '즐거운 시간'은 언제일까요? 아마 급식시간과 친구들과 노는 시간, 운동하는 시간 등일 겁니다. 학습 시간이 즐겁다고 말하는 학생이 몇 명이나 있을지 의문입니다. 인간의 당연한 심리기제일 것입니다. 학생이 중심이 되고 스스로 배우게 하는 것은 저절로 되는 것이 아닙니다. 교사의 치밀한 교재연구와 우수한 수업기획력 없이는 불가능합니다. 우리는 이 대전제를 너무도 가볍게 간과하는 경향이 있습니다. 학생들을 수업의 중심으로 바로 세우는 데 필요한 것은 학생들의 눈동자를 모을 수 있는 살아있는 질문입니다.

주입식 수업이 지루한 것은 교사가 혼자서 설명하고, 학생들을 타자화시키기 때문입니다. 의문을 품거나 고민하지 않아도 교사가 의도한 수업내용을 쏟아붓고, 학생의 반응을 수업에 반영하지 않으니 학생들이 수업에서 소외됩니다. 중고등학교로 갈수록 교과내용이 많다는 이유로 교사가 질문 대신 핵심내용을 설명하는 것이 더 좋다는 학생들도 있습니다.

교사가 의문형으로 묻는다고 해서 질문이 되는 것은 아닙니다. 질문이라고 모두 좋은 질문이 되는 것도 아닙니다. 예를 들면 이런 것들입니다.

- 동기유발을 위해 수업과 맥락 없이 하는 질문
- 질문과 질문이 연결되지 않는 질문
- 막연한 공상으로 수업을 무질서하게 만드는 질문
- 대답할 사람을 제한시키는 질문(발표할 사람? 설명할 수 있는 사람?)

교사의 질문력은 학생의 생각을 심화시키는 역량입니다. 교사의 질문이 역동적으로 작용하는 수업을 소개하겠습니다. 여기서 역동적이라고 하는 이유는 교사만 질문하는 것이 아니라, 학생이 다른 학생에게 질문하고, 교사가 다시 질문한 학생에게 그렇게 질문한 이유를 묻는 다각적 입장에서 질문과 대답이 동시에 이루어지기 때문입니다. 학생들을 수업 안으로 몰입시키기 위해 상호 간에 질문과 대답을 하도록 기회를 확장하는 것이 필요합니다. 6학년 수업을 1년간 지속적으로 참관한 결과, 학기초에는 단답형으로 묻고 대답하는 경우가 많습니다. 예를 들면, "~는 무슨 뜻입니까? ~언제 어디서 일어났나요? ~왜 했나요?" 등 비교적 단순한 사실적 질문이었는데, 점차 인과관계를 묻거나 상황을 제시하여 묻거나 주관적인 견해를 묻는 질문으로 심화되었습니다. 재미있는 것은 학생들이 주고받는 질문의 형태가 점차 담임 선생님과 유사해졌다는 점이었습니다. 교사의 일상적인 언어 습관과 수업의 흐름이 학생들에게 전해진다는 것을 느낄 수 있었습니다.

'인권'에 관한 수업을 참관한 적이 있습니다. 수업자는 학습주제나 학습문제를 전혀 제시하지 않은 채 학교생활을 하면서 친구에게 상처받았던 경험들로 수업을 시작했습니다. 그다음에는 자연스럽게 모둠별로 한 가지 주제를 정해 즉흥극을 만들게 했습니다. 별명을 불러서 속상했던 일, 친구가 내 물건을 함부로 사용해서 화가 났던 일, 급식 순서 때문에 다툰 일, 모둠활동에서 내 의견이 무시당했던 일 등 소소하지만 마음을 상하게 하는 일들은 많았습니다. 네 모둠의 즉흥극을 모두 본 후 수업자는 질문을 시작했습니다. 학생들의 입에서 '인권'이라는 단어가 나올 때까지 수업자의 질문은 계속되었습니다.

수업자: 즉흥극에서 네 모둠 모두 공통점이 있었어요. 뭘까요?

학생 1: 친구 사이에 생기는 일요.

학생 2: 사소한 일인데 싸우는 일요.

학생 3: 말로 하다가 주먹이 나가요.

수업자: 맞아요. 사소한 일인데 왜 이런 다툼까지 일어날까요?

학생 4: 상대방의 기분을 이해하지 못해서요.

수업자: 상대방의 기분을 이해하지 못하니까 어떤 행동을 하나요?

학생 5: 함부로 말을 해요.

학생 6: 무시하게 돼요.

수업자: 왜 상대방의 기분을 생각해줘야 할까요?

학생 7: 상대방노 나랑 똑같이 소중하니까요.

학생 8: 상대방도 인권이 있으니까요.

수업자: 인권이라고 했는데, 인권이 뭘까요?

수업자의 이어지는 질문에 드디어 학생들의 입에서 '인권'이라는 단어가 나왔습니다. 참으로 놀라웠습니다. 교사 대부분은 이 과정을 기다리지 못하고 먼저 말해 버리거나, 배움문제(학습문제) 형식으로 칠판에 제시하기 때문입니다. 그 과정에서 학생들은 탐구력을 상실한 채 그저 수업을 따라가기만 하는 경우가 많습니다. 하지만 교사만큼 학생들도 배움문제에 관심이 있는지 한 번쯤 고려해봐야 합니다. (권경희 · 노미향, 2019, 『교육연극, 프로젝트 수업을 만나다』, 행복한 미래, 182~183쪽)

조건 둘, 교사의 강의력

우리는 교사의 강의력을 '일방적인 설명' 정도로 오해합니다. 학생이 활동을 많이 하면 학습의 성과가 많다고 착각합니다. 수업설계가 명확하지 않은 상태에서 이루어지는 학생들의 활동에는 한계가 있습니다. 활동은 많으나 학생이 알게 된 것이 없다면 잘못된 수업설계입니다. 학생들이 활동했다는 자체가 중요한 것이 아니라 왜 활동했는지 목적성과 내용성이 분명해야 합니다. 학생들의 활동을 분명하게 하는 것은 교사의 강의력입니다. 공부할 개념을 분명하게 설명하고 학생들의 생각을 깊이 있게 만드는 도구이기도 합니다.

도덕 수업 중 '갈등'에 대한 것이 있었습니다. 수업자는 갈등을 잘 해결하기 위해서는 우리가 서로 배려하고 타인을 이해해야 한다는 뻔한 도덕 수업을 하지 않았습니다. 오히려 세상을 살아가는 데는 다양한 갈등이 있으니 갈등을 회피하기보다는 적극적으로 해결하는 태도가 필요하다고 수업의 방향을 잡았습니다. 그 과정에서 수업자는 '갈

등'이라는 단어를 이용했습니다. 갈(葛 칡덩굴 갈)과 등(藤 등나무 등)을 한자로 칠판에 쓰고, 칡덩굴과 등나무는 서로 얽혀 있음을 그림으로 제시했습니다. 이렇게 얽혀 있는 상태가 갈등이라고 시각적으로 개념을 설명했습니다. 대부분의 도덕 시간은 덕목의 개념 자체를 명확히 이해하지 못한 채 '실천하는 태도를 갖자'라는 식으로 진행하는 수업이 많습니다. 사람의 도덕성과 실천의지가 그렇게 단시간에 형성되지 않는다는 것을 우리 모두 알고 있는데도 말입니다.

교사가 명확하게 개념을 설명하고 강의하기 위해서는 수업설계가 철저해야 합니다. 학생들의 배움이 일어나게 하려면 학생들의 주도성 이전에 교사의 수업설계가 선행되어야 하는 이유이기도 합니다. 교사의 가르침을 충만하게 하는 것은 '질문력'과 '강의력'입니다. 좋은 수업이 되기 위해서는 학생들을 성장시키는 교사의 역할이 중요합니다. 학생들의 주도성이 저절로 생기는 것은 아닙니다. 끝없이 자극하고 연습해야 '주도성'도 성장합니다. 가르침 없이 배움을 이야기하는 것은 절름발이 수업철학입니다. 배움중심수업에 고정된 시선을 내려놓고, 좋은 수업으로 시선을 넓혀야 힐 것입니다.

새로운 것을 배우는 과정이 늘 즐겁고 유쾌할 수는 없습니다. 힘들게 생각해야 하고, 고민해야 하고, 여러 번 반복해야 하는 경우가 더 많습니다. 배움의 과정은 감각적인 즐거움 그 이상의 정신적 노고를 담아내는 순간입니다. 우리가 집중해야 할 부분은 학생들이 배움의 과정에 덜 지루해하고, 더 적극적으로 몰입할 수 있도록 수업을 설계하는 것입니다.

학생들의 배움, 물론 소중합니다. 그러나 그것이 교사의 가르침과 분리되어 이루어지는 것은 아닙니다. 수업은 교사의 수업과 학생의 수업으로 나뉘는 것이 아닙니다. 교사와 학생이 함께 가는 것이 수업입니다. 가르침과 배움을 양극단으로 설정하지 말고, '좋은 수업'을 지향하는 고민을 이어간다면 그것으로 충분하다고 생각합니다. 특정한 수업용어로 이미 교사들의 피로도는 차고 넘치니까요. 작위적인 용어 생산은 이제 그만!

 정리 콕콕! 생각 콕콕!

선생님은 위와 비슷한 고민을 한 적이 있으신가요?

1.

2.

필자는 이렇게 생각합니다

1. 배움중심수업보다 더 중요한 것은 좋은 수업입니다.
2. 좋은 수업이란 배움과 가르침이 함께 어우러져야 합니다.
→ 좋은 수업은 교사의 질문력과 강의력이 필수입니다.

3.
[의문 3] 활동중심수업: 활동만? 그럼 내용은?

　최근에 수업이 지향해야 할 방향으로 활동중심수업에 주목하고 있으며, 각 교과에서 학생참여수업으로 자리 잡고 있습니다. 2015 개정교육과정에서는 토론학습, 협력학습, 프로젝트학습 등 교과 특성에 따라 교수학습 방법을 강화하고 과정중심 평가를 확대하여 학생들의 활발한 수업 참여를 유도하고 있습니다. 이 지점에서 중요하게 성찰해야 할 문제가 있습니다. 지금까지 학생들이 활발하게 참여하는 것을 강조하고 지향했지만, 실제 수업 속에서 무슨 일이 일어나고 있는지 자세히 들여다보는 일에는 소홀한 것 같습니다. 무조건 학생들이 '활동해서 재미있다, 즐거웠다, 친구들과 같이 이야기하니까 좋다'는 식으로 평가했지, 수업 속에서 학생들이 어떤 반응을 하고, 수업을 통해 알게 된 개념이 무엇인지는 살펴보지 않았습니다.

교사가 설명하는 수업은 일방적인 강의라 진부한 것이고, 모둠대형을 만들고 학생들이 활동하면 좋은 수업인 것처럼 이분법적으로 판단하는 것에서 벗어나야 합니다. EBS 다큐프라임에서 교육대기획으로 〈가르치지 않는 학교〉라는 방송을 한 적이 있습니다. 학교의 역할을 다시 한번 반성하게 하는 내용이므로 꼭 한 번 시청하기를 권합니다. 방송에서는 수업 유형을 3가지로 구분하여 수업 실험을 했습니다. 강의형 수업, 교사 개입 활동형 수업, 학생주도 활동형 수업으로 나누어 헌법재판소의 역할을 다루었습니다. 강의형 수업에서는 교사가 기본적인 지식을 충분히 설명하는 데 비중을 두었고, 교사 개입 활동형 수업에서는 토의하는 가운데 교사가 수시로 개입했습니다. 학생주도 활동형 수업에서는 학생들의 토론이 중심 활동이었고 그림으로 표현하도록 했습니다. 수업 후 수업시간에 알게 된 내용을 마인드맵으로 그리게 했는데 학생주도 활동형 수업에서는 다른 수업에 비해 학생들이 핵심적인 개념을 이해하지 못했고, 특히 학업성취도가 낮은 학생들은 수업 활동을 통해 알게 된 사실이 거의 없었습니다. 이에 비해 강의형 수업을 받은 학생들은 알게 된 개념이 다양하고 체계적이었습니다. 학업성취도 면에서 강의형 수업을 한 학생들은 69.4점, 학생주도 활동형 수업을 한 학생들은 53.1점으로 그 차이가 컸습니다.

필자는 활동중심수업을 반대하는 것이 아니라 활동 전에 충분한 설명과 개념이해가 선행되어야 한다는 점을 말하고 싶습니다. 학생활동이라는 것을 '재미' 또는 '노는 것'과 구별해야 합니다. 요즘 너무 '재미있는 수업'에만 빠져 있는 것은 아닌지 염려스럽습니다.

활동중심수업을 할 때, 교사는 학생들이 활동하게 될 내용에 대해 철저하게 예측할 수 있어야 합니다. 학생들이 활동으로 얻게 되는 경험이 곧 학습이기 때문에 단순히 유희와 재미에 치중해서는 안 됩니다. 활동은 수업목표와 일관성이 있어야 하고, 배경지식을 가르친 후에 활동으로 연결되어야 합니다. 수업모형이나 수업전략에 상관없이 수업이 가져야 할 공통요소가 있습니다. 그 수업에서 가르쳐야 할 핵심지식, 학생들이 알아야 할 지식(기능이나 태도 포함), 다른 지식과의 연계성 등입니다.

3학년 과학 수업에서 달의 환경을 알아보는 시간이 있었습니다. 수업자는 주요활동을 4가지로 선정했고, 학생들이 달의 환경 조건에 맞는 달우주복을 설계하는 것이 중심 활동이었습니다. 학생들은 2절지 포스트잇에 달우주복을 디자인하고, 꾸미기 위해 모둠 토의를 열심히 했습니다. 꾸미기에 필요한 색채와 그림 도구들이 가득했습니다. 학생들은 모둠별로 형형색색의 달우주복을 만들었고, 협동학습 방법의 하나인 직소우(jigsaw) 방식으로 두 명씩 모둠을 옮겨가며 토의했습니다. 멀리서 바라보면 완벽한 수업이었습니다. 학생들의 활동이 아주 활발했으니 학생중심수업이라고 할 수도 있겠고, 발표도 일률적이지 않고 직소우 방식으로 두 명씩 자리를 옮겨가니 학생들의 움직임이 아주 주체적으로 보였습니다. 그런데 학생들이 만든 달우주복을 자세히 들여다보면서 의문이 생겼습니다. 학생들이 디자인한 달우주복의 가장 중요한 콘셉트가 '예쁨'과 '멋짐'이었기 때문입니다.

이 수업에서 가장 중요한 것은 달우주복을 패션 관점에서 디자인 하는 것이 아니라 생존 차원에서 달의 생태계를 정확하게 아는 것입 니다. 산소통의 모양을 둥글게 하든 네모나게 하든 그것이 중요한 것 이 아니라 달에서 살아남기 위해서는 공기가 필요하다는 것에 초점을 두어야 합니다. 더구나 교사가 이 수업을 통해 학생들의 창의적 사고 역량, 의사소통 역량, 협력적 문제해결 역량, 비판적 성찰 역량이 신 장된다고 쓴 지도안을 보고는 마음이 무거워졌습니다. 아무리 훌륭 한 수업이라도 40분 수업으로 학생들의 역량이 신장될 수는 없습니 다. 매일매일의 40분짜리 수업이 수없이 쌓여서 빗방울이 바위를 뚫 을 만큼 노력해도 학생들의 역량은 한 발 내디딜까 말까 합니다. 우 리는 학생들의 역량 신장을 너무 쉽고 단순하게 말하는 경향이 있습 니다. 인간의 성장은 선형적으로, 그리고 Input-Output이 즉시 바로 바로 나타나는 것이 아니라는 점을 생각한다면 아무 때나 '역량 신장' 을 말하지 않았으면 좋겠습니다. 학생들의 역량은 단위 시간별로 말 할 것이 아니라, 최소한 3학년 국어 수업을 이렇게 저렇게 하면 자기 감정을 표현하는 의사능력은 향상될 것 같다 정도로 이야기해야 할 것입니다.

최근 교육대학원 논문 중에는 2015 개정교육과정의 핵심역량 6가 지를 주제로 한 것들이 있습니다. 주로 수업실험연구인데 특정 프로그램을 운영했더니 학생들의 의사소통 역량이 향상되었다거나 심미적 감성 역량이 향상되었다는 결론들입니다. 필자는 이런 논문을 볼 때마다 의문이 듭니다. 학생들의 의사소통 역량이 20~30차시 특정 수업프로그램을 해서 향상된다면 교육이 어려울 이유가 하나도 없습니다.

유감스럽게도 학생들의 역량은 그리 쉽게 향상되지 않습니다. 연구논문에서 특정 검사지의 유의미한 결과를 숫자로 확인시켰다고, 그것이 실제 학생들의 학습역량을 보여주는 것은 아닙니다. 그 숫자는 연구자가 고대하는 결과에서 비롯된 수치입니다. 특정한 활동으로 특정한 역량을 신장시킨다는 것은 변인통제를 한 실험실에서나 가능합니다. 학생들은 그렇게 쉽게 조작되는 대상이 아닙니다. 심지어 같은 활동을 해도 자극받는 역량의 범위와 깊이는 개인마다 다릅니다. 그렇게 간단하게 학생들의 역량이 향상된다면 12년 정도 학교교육을 받은 대한민국 학생들은 모두 노벨상 후보자가 되어야 할 것입니다. 더구나 역량이란 것이 조각조각 나뉘고 구분할 수 있는 것도 아닙니다. 의사소통 역량과 공동체 역량이 별개기 아닙니다. 모둠토의를 하면서 말하기 능력도 향상됩니다. 많은 부분이 공통분모로 연결되어 있습니다. 연결성을 무시하고 역량을 각각으로 분리하여 자꾸 역량이 향상되었다고 하니 참 답답합니다. 새로운 용어로 성급하게 성과를 내려는 노력이 과하게 보입니다. 여러 면에서 기다림의 여유가 필요합니다.

만들기 수업인지, 단순조립 활동인지?

수업을 기획할 때 교사들은 '학생들의 활동 만들기'에 지나치게 부담감을 느낀 나머지 수업의 목표를 잃어버린 채 학생들을 움직이게 만들어야 한다는 강박감이 있는 듯합니다. 학생들의 재미있는 활동을 위해 DIY 키트 학습교구는 안성맞춤입니다. 그러나 DIY 키트(do it yourself kit)는 반제품이고, 학생들은 그저 몇 가지만 조립하거나 완성된 형태에 색깔을 칠하면 된다는 게 문제입니다.

다문화수업에서 우드아트 DIY 키트를 활용하는 것을 보았습니다. 제품을 열어서 보니 나무에 똑같은 인형 밑그림이 그려져 있었고, 학생들이 한 것은 인형에 색깔을 칠해서 민족마다 피부색이 다르다는 것을 아는 것 정도였습니다. 키트 가격은 4500원 정도였으며, 학생들이 색칠하는 시간은 20분 정도가 소요되었고, 학생들 역시 '예쁘게' 색칠하는 것에 집중했습니다. 다문화수업의 목표는 우리가 사는 세상에는 많은 나라가 있고, 나라마다 피부색이나 문화가 다르다는 것에 공감하는 것입니다. 그런데 학생들이 몰입하는 부분은 인형 색깔을 칠하는 것이었습니다. 만화경 만들기도 거의 완제품으로 나온 것을 사용해 실제로 학생들이 만드는 것이 아니었습니다. 필자가 어릴 때는 학교에서 만화경을 직접 만들었습니다. 거울을 거꾸로 달거나 종이도형이 중심을 못 잡아 몇 번이나 다시 만들던 기억이 있습니다. 그에 비해 DIY 키트로 만화경을 만드는 것은 참 편하고 칼을 사용하지 않으니 안전하지요.

지금은 모든 것이 안전제일주의라 학생들은 칼이나 조각칼 등 어떤 도구도 사용하지 않은 채 학습하는 환경에 익숙해지고 있습니다. 식물 가꾸기를 할 때도 토피어리 만들기로 나온 DIY 키트를 사용합니다. 학생들이 흙을 담고 용기를 구할 필요 없이 모든 것이 세트로 제공됩니다. 안전하게 활동을 많이 해야 하는 현실적인 요구를 충족시킨다는 점에서 유용하긴 합니다.

그러나 DIY 키트는 학생들의 탐구력을 자극하는 데 한계가 있습니다. 70% 정도는 완성된 제품이기 때문에 긴장감 없이 만들어도 실패할 확률이 없습니다. 크기나 모양이 일정하니 학생 개인의 창의성을 발휘할 여지도 없습니다. 또 DIY 키트는 수업의 목표와는 거리가 먼 재미있는 활동 또는 예쁘게 꾸미는 활동에 그치는 경우가 많아 오히려 수업의 방향성을 훼손하기도 합니다. 식물 관찰이 학생들에게 꼭 필요한 활동이라면 용기에 흙을 담고, 식물을 심는 것부터 학생들이 직접 해야 할 것입니다. 내가 가져온 용기에 내 손으로 식물을 심는 것과 학교에서 똑같이 배부받은 식물 세트 제품에 내 이름표를 붙이는 것은 출발점부터 다릅니다. 물론 위험한 도구를 사용하기 힘든 현실적인 상황을 고려하면 꼭 필요한 DIY 키트 제품도 있을 테지만 그 제품을 사용하더라도 수업의 목표와 방향성만은 잃지 않았으면 좋겠습니다. 모든 학생이 똑같은 나무에 색칠하고, 똑같은 모양으로 만드는 것이 얼마나 위험하고 획일적인 수업문화인지 한 번쯤 되새겼으면 합니다.

수업활동인지 예능프로그램인지?

또 하나의 문제점은 수업활동이 자꾸 예능프로그램을 쫓아간다는 점입니다. 예능프로그램이 나쁘다는 것이 아니라 예능프로그램과 수업은 엄연히 목표가 다르다는 사실을 말하고 싶습니다. 학생들이 재미있는 활동을 고민하다 보니 교사들의 블로그와 유튜브에는 예능프로그램과 유사한 수업 아이디어들이 많습니다. 톡톡 튀는 재미있는 아이디어도 참 많습니다. 이런 아이디어를 기성품으로 바로 만들어 제공하는 온라인몰도 많습니다. 요즘은 학생 개인별 학습준비물 예산 지원과 학급운영비까지 있으니 과거보다 교구 구입에 여유가 있습니다. 스피드게임, ○×게임, 초성게임, 퀴즈게임 등 즉각적이고 감각적인 게임식 수업을 지원하는 교구들이 교사들에게 매력적으로 보이는 것은 당연합니다.

게임으로 진행하는 수업은 활발하고 집중하는 것처럼 보일 때도 있지만, 어쩌다 맞추는 식의 초성게임도 있고, 모둠 경쟁이 과열되어 게임이 우수아 중심으로 운영되거나, 교사의 설명보다 게임에 더 열광하는 모습도 있었습니다. 단어 맞추기 역사 수업에서 고려말 교정도감을 설명하는 학생이 "너 지금 치아에 하고 있는 장치가 뭐지?" 했더니 답변하는 학생이 "교정기"라고 말하자, "우리가 어릴 때 식물○○, 동물○○ 이런 거 있었지. 앞에 말한 대답과 연결해서 4글자로 만들어봐" 그랬더니 "교정도감"이라고 대답했습니다. 그랬더니 정답 처리되어 1점 가산되었습니다. 필자는 이런 식의 게임식 수업은 매우 위험하다고 생각합니다. 학생들에게 오개념을 형성하고, 답만 맞으면 된다는 식으로 수업이 진행되면 안 된다고 봅니다. 인기 있고 재미있는 수업도 좋지만 학생들의 오류에 대해서는 정확하게 피드백되어야 합니다. 이런 수업이 학생들의 활동이 많다는 이유로 좋은 수업으로 오해받아서는 안 됩니다. 교사보다 PPT, 학습매체, 교재교구에 학생들의 수업시선이 머물게 된다면 다시 한번 수업 정체성을 고민해봐야 합니다. 왜 학생들의 시선을 자꾸 다른 곳으로 돌리려고 하는지, 왜 수업과정을 다른 교재에 전도하려고 하는지 메타적 인지로 성찰해봐야 할 때입니다.

독후활동인지 미술활동인지?

3학년 국어 그림책 읽기 수업입니다. 책을 읽은 후 책 내용으로 책갈피 만들기를 하고, 선택활동으로 인상 깊은 장면을 아크릴 물감으로 그리거나 나만의 미니북 만들기를 했습니다. 독후활동이라면 학생들이 주요 내용을 이해했는지, 느낀 점은 무엇인지에 좀 더 집중해야 하는 건 아닌지 아쉬웠습니다. 독후활동이 책의 내용을 피드백하는 것보다 미술 표현에 더 많은 시간과 관심을 쏟는 것처럼 보였습니다. 그냥 미술 시간 느낌입니다. 책갈피를 만들고, 인상 깊은 장면을 그리고, 그림책을 만드는 것은 모두 미술을 잘하는 학생들에게 강점인 활동들입니다. 이런 활동 결과들은 전시효과가 높습니다. 수업의 효과가 시각적으로 극대화되는 장치입니다.

그러나 독서수업을 하는 이유는 수업의 결과를 전시하기 위해서가 아닙니다. 활동을 보여주는 것이 목적이 아니라 학생들이 책을 통해 새로운 상황을 접하고 상상하고 만나게 하는 것이 목적입니다. 최근에 온책읽기가 유행하는 것은 고무적이지만 과도한 사후활동을 유행처럼 따라 하는 걸 보니 안타깝습니다. 책 읽기의 본질은 사라지고 형식성이 기승을 부리고 있습니다. 그냥 우리 반 아이들에게 초점을 맞추었으면 좋겠습니다. 독서 사후활동이 굳이 특별히 전시적이고 화려해야 할 이유가 없습니다. 공책에 내가 좋아하는 문장 쓰기를 해도 되고, 느낀 점을 여러 단어로 조각조각 쓰게 해도 됩니다. 수업의 진정성은 학생들이 내면으로 느끼는 배움의 기쁨입니다. 그래서 어려운 것입니다.

감상수업인지 공상수업인지?

5학년 음악감상 수업입니다. 교사와 예술강사가 함께하는 협력수업은 최근 문화예술교육 차원에서 주목받고 있습니다. 활동 1은 거문고 소리를 듣고 체험하기입니다. 활동 2는 감상학습지를 작성하고 발표하는 것입니다. 예술강사의 거문고 연주곡을 듣고, 모둠별로 감상학습지에 소리의 느낌을 적고, 연주곡으로 이야기를 상상하여 만들어서 발표하는 것으로 진행되었습니다. 예술강사의 시범 연주도 있었고, 학생들의 활동을 위해 모둠도 만들었고, 토의를 많이 하도록 예술강사와 교사가 지속적으로 순회를 했습니다. 학생들의 토의시간이나 발표시간도 충분했습니다. 학생들의 활동중심수업으로 부족함이 없었습니다.

수업 정리단계에서 수업소감을 묻는 교사에게 학생들은 예술강사가 있어서 더 재미있었다고 대답했습니다. 전체적으로 밝고 매끄럽게 진행되었습니다. 시간까지 딱 맞게 끝난 정확한 수업, 그러나 이 수업을 학생 입장에서 다시 한번 짚어보겠습니다.

첫째, 이 수업을 통해 학생들이 알게 된 지식이나 기능, 태도에는 어떤 것들이 있을지 생각해봅시다. 수업의 핵심은 학생들이 거문고 연주곡을 감상하고 느낌을 발표하는 것입니다. 연주곡을 감상하기 위해서는 거문고라는 악기의 소리를 느껴보아야 합니다. 거문고는 매우 낯선 악기입니다. 실물을 처음 보거나 한 번도 만져보지 못한 경우가 대부분입니다. 그럼 5학년 학생이 되어 추측해봅시다. 처음 보는 악기가 수업에 등장하고, 예술강사는 달을 보며 그리움과 연민을 표현한 곡을 연주했습니다. 약 1분간 아주 정적인 거문고 선율을 듣고 학생들이 거문고 소리의 깊은 맛과 한국 악기의 우수성을 느낄 수 있을까요? 학생들이 느끼기에는 너무 어려운 소리였고 너무 정적인 연주곡이었습니다.

이 수업은 예술강사의 재능 발표보다 예술 교육이라는 측면에 비중을 두어야 하는 협력수업입니다. 학생들이 알고 있는 아리랑을 거문고로 연주했다면, 또는 단소로 듣는 아리랑과 거문고로 듣는 아리랑의 느낌이 어떤 차이가 있는지 느껴보게 했다면 학생중심수업이 되었을 것입니다. 학생들이 모둠을 만들어서 연주곡을 들었다고 학생중심수업은 아닙니다. 달을 보며 그리움을 표현한 곡 자체가 너무 추상적이라 학생들이 공감할 수 있는 음률이 아닙니다. 예술강사의 연주곡과 수업을 듣는 학생들의 음악적 소양 사이의 거리가 너무 멉니다. 이런 상황이라면 예술강사는 학생들의 선행수준을 고려한 곡을 선택했어야 합니다. 학생들이 아는 곡에서 시작하여 거문고에 대한 새로운 지식과 감성을 끌어내는 것이 감상수업입니다.

실제로 별로 느껴지는 것도 없는데 느낌을 다양하게 말하라고 강요받는 것도 학생 입장에서는 불편합니다. 학생들은 그저 의자에 앉아서 예술강사의 연주를 바라볼 뿐입니다. 거문고를 만져본 것도 아니고 튕겨본 것도 아닙니다. 철저히 수동적인 자세로 앉아서 시키는 것만 듣고 학습지를 메꾸는 것으로 음악적 감상이 깊어지기는 힘듭니다.

둘째, 연주곡을 듣고 이야기를 상상하여 만드는 부분입니다. 이 활동이 왜 필요한지 이해가 가지 않습니다. 연주곡은 작곡자가 의도한 이야기를 선율로 표현한 곡입니다. 선율의 흐름을 충분히 느껴보는 것이 감상에서는 훨씬 중요한 요소입니다. 아무 때나 학생들의 상상이 중요한 학습요소가 되는 것은 아닙니다. 학생들이 만든 이야기는 상상이라기보다는 공상에 가까웠습니다.

여자아이와 아버지가 살았는데 아버지가 집을 나가서 돌아오지 않았다는 등 공상에 가까운 이야기가 많았습니다. 연주곡과 어떤 맥락도 없이 말입니다. 실제로 거문고 소리를 듣고 느껴보는 시간보다 공상 이야기를 만들고 발표하는 데 훨씬 많은 시간이 쓰였습니다. 오히려 같은 곡을 다른 악기로 들어보고 거문고 소리와 어떻게 느낌이 다른지 감상하게 하는 게 수업목표에 가까울 것입니다. 연주곡 자체도 학생들이 공감할 수 없는 곡이었는데, 그 곡의 느낌을 이야기로 상상하여 막연하게 공상하게 만드는 것은 본 수업의 궤도를 벗어난 활동입니다.

셋째, 오늘 수업이 재미있었는지 묻는 교사의 질문과 재미있었다는 학생들의 답변으로 수업은 정리되었습니다. 무엇이 재미있었는지, 재미있어서 알게 된 것은 무엇인지, 오늘 수업에서 거문고에 대해 알게 된 것이 무엇인지 전혀 피드백이 없는 수업 정리입니다. 이런 형식으로 교과수업이 이루어진다면 학생들이 배워야 할 지식과 논리적 사고력은 언제 채워질지 걱정입니다. 만약 이 수업이 불필요한 힘을 빼고 수업목표를 중심으로 진행되었다면 매우 성공적이었을 것입니다. 왜냐하면 거문고라는 실물 악기가 있었고, 연주가 가능한 전공자까지 있었으니까요.

수업설계의 출발이 학생이 아니라 예술강사의 재능을 보여주는 것이었고, 학생들의 활동이 많아야 한다는 점을 무조건 적용한 결과로 보였습니다. 그래서 필자는 소박한 수업을 권합니다. 학생들이 직접 거문고를 느껴보게 하고, 학생들이 아는 곡으로 2~3곡 연주해준

후 선율의 차이를 말로 발표하게 한다면 거문고 감상수업의 소임은 다한 것입니다.

정리 콕콕! 생각 콕콕!

선생님은 위와 비슷한 고민을 한 적이 있으신가요?

1.

2.

필자는 이렇게 생각합니다

1. 활동수업을 할 때는 활동 전에 충분한 설명과 개념이해가 선행되어야 합니다.

2. 활동수업에서 이뤄지는 활동은 '재미'가 아니라 수업목표와 일관성이 있는 '배움'이어야 합니다.

→ 학생들이 활동수업에서 얻게 되는 경험은 곧 배움이 되어야 합니다.

4.
[의문 4] 모둠학습:
애들아, 협력하고 있니?

경쟁학습의 비교육적인 면을 극복하는 데 모둠활동은 활용도가 높습니다. 학습력이 부족한 학생들의 수업소외를 줄이고 협력적인 학습상황을 만들기 위해 평소에도 자주 활용하는 수업전략입니다. 알피 콘(2019)은 『경쟁에 반대한다』에서 미국 사회에 만연해 있는 경쟁 이데올로기의 불합리성을 지적하고, 학습에서 경쟁보다 협력이 필요하다고 강조합니다. 그는 초등학생에서부터 회사원에 이르기까지 다양한 계층을 대상으로 질적연구를 한 후 경쟁이 일시적으로 동기를 높이고 집중하게 하지만, 지속적인 성과와 동기를 갖게 하기는 힘들다는 결론을 내렸습니다. 일상적으로 경쟁 구조에 젖어 있는 한국의 수업환경을 생각하면 반성할 점이 많습니다. 그러나 모든 모둠학습이 협력학습은 아닙니다. 모둠학습 속에도 얼마든지 수업소외와 경쟁학습이 생길 수 있습니다.

모둠학습이 바로 협력학습?

학습연령이나 활동주제를 고려하지 않은 채 무조건 모둠학습을 하면 학습력이 저하될 수도 있습니다. 2학년 학생들에게 '책을 읽고 주인공의 마음을 모둠별로 이야기해보라'는 것은 수업구조가 너무 성급한 경우입니다. '책을 읽는 것'과 '주인공의 마음을 아는 것'은 두 개의 큰 활동입니다. 주인공의 마음을 모둠별로 이야기하기 전에 책을 제대로 읽었는지 교사는 질문을 통해 확인해야 합니다. 책의 내용도 제대로 파악하지 못한 상태에서 주인공의 마음을 알기는 힘드니까요. 대충 이해하고, 대강 안 상태에서 모둠학습을 한다고 협력학습이 되는 것은 아닙니다.

다음은 중학교 3년 동안 모둠학습을 많이 한 학생에게 모둠학습의 효과에 관해 인터뷰한 내용입니다.

모든 모둠학습이 유익한 것은 아닌 것 같아요. 과목에 따라, 선생님에 따라 굉장히 차이가 컸어요.

철학(윤리) 수업은 선생님께서 주제를 제시하고, 모둠별로 토의하게 해서 빠지는 사람 없이 모두 자기 생각을 말했어요. 발표 후에는 선생님께서 각 모둠의 의견에 피드백을 주고, 학생들이 다시 반론을 제기하기도 해서 재미도 있고 유익했어요.

반면 과학 수업의 경우 주제도 어렵고 내용 이해도 안 되는데, 모둠별로 소주제를 정해서 모둠학습지를 작성하고 두 사람은 남고, 두 사람은 다른 모둠에 가서 설명을 듣는 형식으로 수업했어요. 교과서 내용을 모둠학습지에 썼지만 베껴 쓰는 수준이었고, 개념을 정확히 이해하지 못한 상태에서 수업시간이 다 지나갔어요. 더구나 모둠학습지로 작성하니까 공부 잘하는 아이들이 주로 작성하고 이해하지 못하는 친구들은 할 일이 없었어요. 왜냐하면 정답을 적어야 하니까요.

수학 시간에는 전혀 모둠학습을 하지 않았어요. 그런데 그게 더 좋았어요. 선생님께서 수업을 시작할 때 핵심개념을 굉장히 요약해서 설명해주셨고, 그다음은 교과서 문제를 각자의 수준에 맞게 어떤 학생은 1단계만 풀고, 어떤 학생은 3단계까지 풀었어요. 문제를 풀이하는 과정은 친구에게 물어도 되고, 선생님께 질문할 수도 있어서 매우 자유로운 분위기에서 문제풀이를 했거든요.

이 학생의 대답이 모두를 대변할 수는 없지만 우리에게 생각할 거리를 제공하는 것은 사실입니다. 일방적인 주입식 학습의 폐해에 찌든 우리는 어느 시기부터는 무조건 모둠학습을 해야 학생중심수업이라고 생각하게 되었습니다. 그래서 모둠학습을 선택하는 것이 아니라 수업과정에서 반드시 해야 하는 필수과정으로 여기게 되었습니다. 모둠토의할 것이 아닌 것도 모둠토의를 하라고 하고, 모둠토의의 결과를 제대로 피드백하는 것보다 모둠활동을 했다는 것 자체에 의의를 두기도 했습니다.

지나치게 열린 주제를 제시하면서, 저학년 학생들에게 '같이 이야기해보세요, 함께 생각을 나누어보세요, 말을 많이 하세요'라고 하는 것은 협력학습의 취지에서 벗어난 방임형 학습입니다. 방향을 못 잡는 모둠은 엉뚱한 이야기로 이어지기도 하고, 모둠에서 자기주장이

강한 학생이 있으면 그 학생이 주장하는 대로 모둠이 좌지우지되기도 합니다. 모둠학습의 결과를 정리하거나 발표하는 학생은 대부분 그 모둠에서 제일 똑똑하고 자신감이 있는 학생입니다. 불확실한 모둠학습이 많을수록 학습에서 소외되는 학생은 소외가 일상화됩니다. 무임승차가 자주 반복되면 소극적인 학습자로 전락하게 됩니다.

개별학습은 언제? 또 모둠학습은 언제?

학습에 따라 개인별로 습득해야 할 것과 모둠별로 습득할 것이 다릅니다. 항상 모둠학습으로 하는 게 학습의 성과를 높이는 것은 아닙니다. 예를 들어, 2학년 국어 수업에서 흉내내는 말을 이용하여 모둠별로 문장을 만들라고 한 수업이 있었습니다. 그러나 이 활동은 모둠별로 하기 전에 개인별 학습이 선행되어야 합니다. 학생 각자가 흉내내는 말을 찾고, 그 말을 이용해 문장으로 만들 수 있는 학습능력도 필요하지요. 이렇게 개인별 학습활동 결과와 토대를 가지고 모둠학습으로 나아가야 합니다. 모둠학습은 개인별로 만든 것을 나누는 과정에서 이루어져야 합니다. 이런 개인별 학습과정 없이 모둠별로 '함께 만들기'를 하는 건 학습에 대한 개인의 책무성을 간과하는 행위입니다. 엉성한 모둠학습은 무임승차를 조장합니다. 모둠학습은 개인의 학습을 심화하는 시간이 되어야지 누군가의 학습성과를 슬쩍 그냥 누리는 것이 되면 안 되니까요.

5학년 수학 분수의 통분을 모둠학습으로 진행하는 수업이 있었습니다. 수업자는 분수의 통분을 설명한 후에 모둠별로 자석 칠판을 나눠주고 서술형 문제를 만들게 했습니다. 물론 모둠에서 토의하면서 만들라는 안내와 함께 말입니다. 그런데 문제를 만드는 과정을 보니 모둠별로 수학을 잘하는 1~2명이 주도권을 잡았고, 나머지 3명은 물끄러미 쳐다보는 수준이었습니다. 그 학생들은 분수의 통분을 이해하지 못하는 표정이었는데, 상황이 이렇다 보니 모둠에서 토의해서 서술형 문제를 만들고 함께 풀라는 학습과제는 처음부터 할 수 없는 것이었습니다. 만약 필자가 이 수업을 했다면, 모둠별로 서술형 문제를 제시해주고, 각자 문제를 풀게 한 후 풀이과정을 비교하게 하고, 문제를 풀지 못한 학생은 모둠 내 동료 학생이 다시 가르쳐주는 형식으로 진행했을 것입니다. 분수의 통분에서 문제 만들기보다 선행되어야 할 학습과제는 분수의 통합을 이해하고 문제를 풀이하는 능력입니다. 문제를 풀이할 줄 알아야 문제를 제작할 수도 있기 때문입니다.

　모둠학습으로 학습지를 공동으로 작성하는 경우가 있습니다. 글씨 잘 쓰는 여학생이 주로 작성합니다. 발표 후 그 학습지는 어떻게 관리될까요? 학습결과물로 게시되기도 하지만, 누구의 것도 아니라 그냥 방치되는 경우가 많습니다. 학습에 대한 책무성을 강화하기 위해서는 각자 자기 글씨로 작성하는 것이 필요하다고 생각합니다. 일부에서는 1명만 쓰면 되는 것을 4명이 쓰는 것은 소모적이라고 할지도 모르지만 학습은 철저히 개인적인 인지작용이라는 것을 떠올리면 개인별로 작성해야 하는 것이 맞습니다. 옆에 있는 짝이 아무리 깔끔

하게 잘 정리해도 내 머리에 기억되는 것은 아니니까요. '공동'이라는 용어를 아무 때나 남발해서는 곤란합니다. 공동으로 해야 할 것과 반드시 개인이 해야 하는 것은 다릅니다. 공동활동이 반드시 협력학습은 아닙니다. 공동활동이 반드시 민주적인 학습방법이라고 단정할 수도 없습니다.

학생들을 수업에 몰입하게 하는 것은 수업의 핵심입니다. 학습참여는 동적인 움직임으로 나타나기도 하고, 집중하는 눈빛으로도 나타납니다. 우리가 오류에 빠지기 쉬운 부분이 이것입니다. 외형적인 움직임으로 학생들의 학습참여를 판단하는 것 말입니다. 학생들이 많이 움직이고, 모둠을 만들고, 포스트잇을 여기저기 붙이면 학생 참여가 활발한 수업이라고 쉽게 단정하는 경향이 있습니다. 모둠학습에 앞서 교사가 해야 할 일은 수업할 내용이 모둠학습으로 해야 하는 것인지, 개인활동으로 해야 하는 것인지를 결정하는 것입니다.

 정리 콕콕! 생각 콕콕!

선생님은 위와 비슷한 고민을 한 적이 있으신가요?

1.

2.

필자는 이렇게 생각합니다

1. 엉성한 모둠학습은 또 다른 수업소외 현상의 원인이 됩니다.
2. 외형적인 움직임으로 학생들의 학습참여를 판단하면 안됩니다.
→ 모둠학습은 개인의 학습을 심화하는 시간이어야 합니다.

5.
[의문 5] 재미:
좋은 수업의 잣대일까?

혁신학교 비전과 철학을 말하면서 가장 많이 등장하는 단어는 학생들의 '행복'과 '교육공동체'입니다. 어쩌면 지금까지 교육현장에서 실천하기 가장 어려운 딜레마를 상징하는 것인지도 모릅니다. 학교의 교육과정을 편성하거나 사업을 기획할 때도 학생들이 재미있어 하는지, 학부모들의 만족도가 높은지 낮은지가 가장 중요한 판단 기준이 될 정도입니다. 가장 교육적이고 많은 학생에게 유익한 것을 선택하는 것이 아니라 학생과 학부모의 설문결과로 학교의 교육활동을 결정짓는 것은 많은 폐해를 낳고 있습니다. 또 이 기준을 수업에 그대로 적용하는 것도 문제입니다.

우리의 과거 학교교육은 상당히 권위적이고 비민주적인 부분이 있었습니다. 개혁과 혁신이 필요한 부분이지요. 그러나 사상과 문화의 급속한 변화는 그만큼 부작용이 따르는 법입니다. 가부장적인 아버지 문화로 힘들었던 세대가 친구 같은 아빠상을 모델로 삼으면서 아이에게 지켜야 할 예의도 가르치지 않아 훈육의 기본마저 무너진 것과 마찬가지입니다.

수업의 재미와 의미

재미있는 수업은 학생들에게 중요한 기쁨입니다. 그런데 수업 또는 학습상황이라는 것이 재미만으로 채워지는 것은 아닙니다. 많은 교육학자가 '최적의 학습상황이란 약간의 긴장감과 스트레스가 있을 때'라고 말하는 것에 주목할 필요가 있습니다. 즐겁고, 재미있고, 쉽기만 한 수업은 학생들의 지적 고민을 심화시키는 데 한계가 있습니다.

수업은 재미와 더불어 그 이상의 지적 자극이 의미 있게 구성되어야 합니다. 예를 들면, 학생들이 체육 시간에 가장 좋아하고, 재미있어하는 활동은 학년을 막론하고 남학생은 축구, 여학생은 피구입니다. 그럼 학생들이 좋아하는 피구를 매시간 하게 하는 것이 좋은 체육 수업일까요? 학생들이 싫어한다는 이유로 근력 운동은 하지 말아야 할까요? 수업내용을 구성하는 기준이 학생들의 재미가 아니라, 학생들의 나이에 적정하게 배워야 할 중요한 지식과 역량이 되어야 합니다. 학생들이 어렵게 생각하고 처음에는 할 수 없었던 것도 배움의 과정을 통해 연습하고, 훈련해서 성취하게 만드는 것이 수업입니다. 특정한 운동 능력을 갖추고 싶다면 그 운동을 반복해야 하는 것처럼 배움의 즐거움도 연습하고 반복해야 합니다. 성취감은 일회성이 아니라 나선형으로 계속 연동되는 것입니다. 분리되거나 단절된 것이 아닙니다.

'학생이 배움의 주인이다'라는 말을 너무 쉽게 하는 것 같습니다. 배움의 주인이 되려면 배움의 동기가 있어야 하고, 지적 호기심도 있어야 하며, 이 호기심을 지속시키는 탐구력도 있어야 합니다. 배움의 동기는 관련 경험이나 관련 지식이 있을 때 상승합니다. 학생이 배움의 동기를 가지려면 이전의 학습경험이 수반되어야 합니다. 감성적으로 배움의 주인이니 삶을 주도하는 학생이니 쉽게 말할 것은 아닙니다. 학생들의 배움의 동기는 저절로 생기지 않습니다. 저절로 앎을 발견한다는 것이 얼마나 어려운지 우리는 알고 있습니다.

지식교육의 오해와 진실

요즘 학습에서 기본지식 습득을 지나치게 과소평가하는 경향이 있습니다. 미래사회나 AI 인공지능을 말하면서 지식은 쓸데없는 것으로 여기는 오류를 범하고 있습니다. 사회가 바뀌어도 컴퓨터 체제가 바뀌어도 인간의 생각하는 힘은 유지되어야 합니다. 우리는 지식 습득을 지식을 무조건 외우는 학습으로 착각하고 있습니다. 기존의 지식을 접하면서 의문점을 갖기도 하고, 그 지식이 타당한지 생각하게 하고, 그 지식의 변형 가능성을 고민하게 하고, 비판하는 힘을 기르는 것이 지식교육입니다. 단답식으로 지식을 외우게 하는 것이 아닙니다. 지식교육은 사고를 자극하는 일련의 활동들입니다. 현재의 지식을 성찰하지 않고 새로운 지식을 습득할 수는 없습니다. 앎에는 단계가 있습니다. 창조하기 위해서는 사실을 배우고 모방하는 단계가 필요합니다. 어린아이들의 창의력이 흰 백지상태에서 저절로 나오는 것은 아닙니다. 외부 자극과 모방과 연습으로 창의력이라는 것도 생기는 것입니다.

지금까지 학교에서 이루어지는 지식교육의 형태는 사실을 외우고, 외운 사실을 평가하고, 그 평가로 서열을 짓는 활동이 많습니다. 이것은 지식교육을 잘못하고 있는 것이지, 지식교육 자체가 잘못된 것은 아니라는 말을 하고 싶습니다. 일부 중학교 교사는 입학생들이 너무 기본적인 것도 알지 못한 채 중학교에 입학한다고 초등학교에서 무엇을 가르치는지 모르겠다고 불평합니다. 그저 학교에서 행사하고 놀고 즐겁기만 했지 알아야 할 것을 가르치지 않았다는 얘기이기도 합니다. 가르쳐야 할 것을 진지하게 가르치지 않는 것은 교육기관의 정체성에 위배됩니다. 교육기관이라면, 그것도 공교육 기관이라면 가르침과 배움에 좀 더 진지해야 합니다. 학생들에게 필요한 진짜 행복이 무엇인지 다시 생각해봐야 합니다. 학교에서 발표회를 하고, 현장학습을 가고, 이벤트 행사를 하는 것이 일상의 수업보다 더 중요한지 짚어봐야 할 문제입니다.

학교는 이벤트 회사가 아닙니다. 행사를 하더라도, 현장학습을 가더라도, 왜 하는지 목적성이 분명해야 합니다. 학부모 만족도가 높다는 이유로, 학생들이 선호한다는 이유로 귀중한 앎의 시간을 채우는 것은 근시안적인 판단일 수 있습니다. 온통 재미만 추구하는 가치 속에서 학생들은 진지하게 생각할 기회를 잃어가고 있는 것은 아닌지 염려스럽습니다. 무지한 채 지금 당장 행복하기만 한 아이들, 이런 학생들을 키우는 것을 교육의 비전으로 삼아서는 안 됩니다.

 정리 콕콕! 생각 콕콕!

선생님은 위와 비슷한 고민을 한 적이 있으신가요?

1.

2.

필자는 이렇게 생각합니다

1. 수업 또는 학습상황은 재미만으로 채울 수 없습니다.

2. 수업은 재미와 더불어 그 이상의 지적 자극이 의미 있게 구성되어야 합니다.

→ 수업은 '왜' 하는지 목적성이 분명해야 하며 '재미'도 그 목적을 벗어나서는 안 됩니다.

6.
[의문 6] 수업설계: 일정한 틀에 맞추기?

　대부분의 교사들이 공개수업을 싫어하는 이유 중에는 복잡한 수업안 작성도 있습니다. 특히 업무담당자나 관리자가 특정한 수업설계 방식을 요구하면 교사들은 더 힘들어집니다. 특정 문서양식을 요구하고 이슈가 되는 용어가 많아지게 되기 때문입니다. '교육과정 문해력'이라는 이름으로 수많은 용어가 공개수업안에 등장합니다. 교사별 교육과정, 성장중심 평가계획, 단계별 배움중심 수업전략, 일반화된 지식, 배움중심 수업설계, 핵심역량, 핵심질문 등 한 차시 수업설계에 교육의 거대담론이 다 들어가는 경우도 있습니다.

　필자가 안타깝게 생각하는 것은 수업을 둘러싼 문서 작성에 많은 시간과 노력을 들이는 것에 비해 정작 수업안 자체는 매우 허술하고 핵심이 없다는 것입니다. 수업에 학생은 없고 교사의 문서 작성만 남은 형국입니다. 이런 수업절차가 지속된다는 것이 의아할 뿐입니다. 수업설계안은 왜 필요한 것일까요? 수업을 잘하기 위해서가 아니라 수업을 둘러싼 주변 지식을 나열하는 장치 따위는 필요 없다고 생각합니다.

교사가 수업의 방향을 명확히 인지하고, 교재연구를 성실히 하는 자세는 매우 중요합니다. 그것을 유행하는 담론으로 포장할 필요는 없습니다. 교사는 하루 4~5시간 이상 수업을 합니다. 그 모든 수업을 교육과정 문해력이란 이름으로 다 수업설계 문건으로 만드는 것은 불가능합니다. 1년에 한두 번 하는 이벤트용으로 문서를 작성하는 것은 교사의 에너지를 소모시키는 행위입니다. 수업설계 문건보다 더 중요한 것은 수업 그 자체입니다. 수업에서 교사가 어떤 질문을 하고, 학생들이 어떻게 반응하고, 무엇을 알아가는지가 수업의 생명이니까요. 수업설계 문건에 비해 수업이 엉성하게 진행되는 것은 참으로 안타까운 일입니다.

동기유발

책을 읽고, 학생들이 질문을 만들어 서로 나누는 국어 수업이 있었습니다. 책의 제목을 상상하고 동화책을 읽는 것으로 수업이 전개됩니다. 이상한 점은 '동기유발' 부분입니다. 교사는 학생들에게 과자를 나누어 주고, 학생들이 과자를 먹게 하고, 과자의 맛이 어떤지 말하게 합니다. 여러 가지 맛을 표현하는 것을 듣고, 그게 바로 각자의

'자기 생각'이라고 했습니다.

맥락 없는 동기유발입니다. 공개수업이 아니었어도 수업자가 이런 동기유발을 했을까요? 수업자가 과자를 준비하고, 학생들이 수업시간에 과자를 먹으며 왁자지껄하는 것이 이 수업의 동기유발로 적당한지 다시 생각하게 합니다. 이런 보여주기식 동기유발이 아니라 동화책 표지를 보여주면서 내용을 상상하게 한다면 어떨까요? 책표지만으로도 충분한 동기유발 자료가 됩니다. 아마 평소 수업이었다면 이렇게 했을 것입니다.

수업자는 '사람은 각자 자기 생각이 있다'는 것을 가르치기 위해 동기유발 자료로 과자를 나눠 주고, 먹게 하고, 맛을 말하게 했지만 이런 과정에서 학생들이 생각한 것은 '수업시간에 선생님이 과자를 주니까 좋다, 과자는 역시 맛있다, 오늘 재수가 좋다' 등 수업과는 상관없는 감정들일 것입니다.

비슷한 맥락으로 수학 분수를 가르치는 수업에 수업자가 긴 빵으로 동기유발을 한 수업이 있었습니다. 교실은 갓 구운 빵 냄새가 가득했고 학생들의 관심사는 분수가 아니라 '저 빵을 언제 나누어서 내가 얼마나 먹을 수 있을까?'였을 것입니다. 수업자가 분수를 설명하는 중에도 학생들의 초롱초롱한 눈은 빵에 머물렀습니다. 결국 수업자가 동기유발 자료로 준비한 빵이 학생들의 시선과 후각을 자극하여 수업 몰입을 방해한 물체가 된 셈입니다. 이외에도 화려한 유튜브 동영상이나 과도한 동기유발이 수업을 방해하는 경우는 많습니다.

앞에서 살펴본 수업 중 5학년 음악감상 수업으로 거문고 듣기 수업이 있었습니다. 거문고를 전공한 예술강사와 교사가 함께하는 협력수업이라 넉넉한 느낌이었습니다. 문제는 동기유발입니다. 교사는 달에서 방아를 찧는 옥토끼 이야기를 유튜브 자료에서 가져와 한참을 설명한 후, 달과 관련된 거문고 연주곡을 들어보자고 했습니다. 동기유발 자료가 뭔가 참신하고 새로워야 한다는 강박관념이 빚어낸 상황입니다. 이 음악 수업에서 제일 중요한 것은 학생들이 거문고 악기의 생김새를 알고, 소리를 듣고, 연주곡을 감상하는 것입니다. 달에서 방아 찧는 옥토끼 이야기는 달과 관련된 연주곡과는 아무 맥락이 없습니다. 유튜브를 보는 시간에 차라리 예술강사가 가져온 거문고를 자세히 관찰하고, 거문고 줄을 튕겨보면서 소리를 체험하는 것이 훨씬 유익할 것 같았습니다. 이렇게 사족이 본질을 가리는 경우가 많습니다.

4학년 국어 수업에서 정약용 위인전으로 1학기 온책읽기를 한 수업자가 있었습니다. 수업자는 책상 위에 늙은 호박을 갖다 놓고 학생들에게 질문했습니다. 선생님이 오늘 왜 이 호박을 가져왔는지를 묻자 학생들은 호박을 살펴보고, 이런저런 추측을 했고, 결국 정약용이 어린 시절에 늙은 호박에 말뚝을 박은 장면이 있어서 선생님이 일부러 늙은 호박을 갖고 오신 것 같다는 대답이 나왔습니다. 늙은 호박에서부터 시작하여 수업자는 정약용의 삶의 과정을 꼼꼼하게 질문하고 중요한 내용을 챙겼습니다. 필자는 수업자의 질문이 밀도 있게 진행되고 학생들이 끊임없이 대답하고 몰입하는 과정이 매우 감동적이었습니다. 이후 좋은 수업으로 추천하기도 했습니다.

그런데 어떤 젊은 선생님이 수업 동영상을 보더니 굳이 무거운 늙은 호박을 가져와 동기유발 자료로 쓴 것이 어색하고 과장된 것 같다고 평했습니다. 그때 제가 느낀 것은 '아차, 그럴 수도 있겠구나!'였습니다. 저는 수업자의 환경을 알고 있었습니다. 수업자는 전원주택에 사는데 집 주변에 늙은 호박이 지천으로 깔려 있으며, 가을이면 지인들에게 늙은 호박을 하나씩 안겨줄 정도로 일상적인 주변 환경이자 식재료이고 장식품이라는 걸 알고 있었기 때문에 전혀 억지스러운 동기유발로 느껴지지 않았던 거죠. 오히려 '발에 차이는 늙은 호박을 저렇게 수업자료로도 사용할 수 있구나, 평소에도 얼마나 수업 생각을 했으면 굴러다니는 호박을 보고 저런 아이디어를 얻었을까?' 하면서 감탄스러웠는데 수업자에 대해 전혀 모르는 그는 억지스럽게 보였던 겁니다. 주변 설명을 상세히 하자 젊은 선생님도 그것이 억지스러운 게 아니라는 것을 이해했습니다. 수업을 둘러싼 이야기는 자세히 들여다봐야 한다는 생각을 다시 한번 하는 계기였습니다.

화려한 동기유발이나 특별한 수업모형, 최신 패러다임으로 수업설계를 하라는 것이 아닙니다. 나침반 같은 수업설계가 필요합니다. 수업의 방향을 정확히 찾은 후 가르치고자 하는 내용 구성을 제대로 이어가고 있는지 그 뼈대를 굳건히 하는 것입니다. 교사가 수업의 방향을 정확히 짚는 것이 수업성공의 핵심입니다.

수업이 가야 할 방향

다음은 6학년 주장하는 글쓰기와 관련한 수업입니다. 학습목표는 주장하는 글을 쓰고 발표하기입니다. 수업자는, 말더듬이 주인공이 친구의 격려와 도움으로 대국민 연설을 성공적으로 마쳐 많은 칭찬을 받는다는 영화를 수업자료로 활용했습니다. 학생들에게 신선한 재미와 흥미를 주기 위해 영화나 그림책을 활용하는 것은 적극적인 수업 방법이라고 할 수 있습니다. 우리가 살펴봐야 할 문제는 이 영화 이야기가 '수업을 심화시키는 데 어떤 역할을 했는가'입니다. 수업자는 이 영화 이야기를 소재로 삼아 수업 전체를 교육연극기법으로 진행했습니다.

연극놀이로 긴장감 풀기, 해설이 있는 마임으로 주인공 되어 보기, 핫시팅(인터뷰)으로 주인공 인터뷰하기, 즉흥극하기로 이어집니다. 여기까지는 계속 영화 속 주인공의 내면을 공감하고 이해하고 격려하는 과정입니다. 그런데 갑자기 다음 단계에서 우리 주변의 주제 한 가지를 골라 주장하는 글을 쓰고 발표하라고 합니다.

이 수업의 목표는 학생들이 주장하는 글을 쓰는 것입니다. 주장하는 글을 쓰려면 논제가 될만한 주제를 선정하는 것과 주장의 근거를 논리적으로 쓰는 과정이 핵심입니다. 이런 유형의 글쓰기는 학생들이 굉장히 어려워하는 데다가 글쓰기 중에서도 특히 싫어하는 유형입니다. 생각의 흐름을 자극하기 위해 마인드맵으로 크게 주제를 잡게 하거나 키워드를 쓰게 하는 이유도 이런 맥락입니다. 교육연극으로 수업한 것이 문제가 아니라 수업의 설계가 중심을 잃은 사례입니다. 이 수업은 주장하는 글쓰기가 아니라 '자신감 갖기' 또는 '우리는 친구' 같은 도덕 교육으로 설계되었으면 더 적합했을 것 같습니다.

주장하는 글의 가치는 그 주장에 설득력이 있어야 합니다. 6학년 학생들이 주장하는 근거 중에는 논거로서 부적합한 것들이 많습니다. 이때 교사의 역할은 적당히 칭찬하고 격려하는 것이 아니라 논거의 어떤 부분이 부족한지 정확히 피드백하는 것입니다. 주장하는 글은 두리뭉실하게 써도 되는 수필이 아닙니다. 수업 중 학생들에게 피드백해야 할 부분이 단순하게 격려로 지나가는 경우가 많습니다. 가르칠 것을 정확하게 가르치지 않는 수업은, 나쁜 수업입니다.

필자는 교육연극수업이 학생들에게 미치는 다양한 효과를 신뢰하여 『교육연극, 프로젝트 수업을 만나다』(2019)를 출간했습니다. 교육연극수업을 아끼는 한 사람으로서 교육연극수업 설계의 아쉬운 점을 지적하지 않을 수 없습니다.

첫째, 교육연극수업도 우리 반에서 이루어지는 여러 수업 중 하나입니다. 특별할 필요가 없고, 별나게 취급할 것도 아닙니다. 왜 교육연극수업을 할 때만 연극놀이를 통해 편안한 분위기를 조성해야 하는지 모르겠습니다. 왜 뜬금없이 감정카드가 나오고, 포스트잇에 친구 칭찬하기를 쓰고, 거울놀이 따라하기를 하는 걸까요? 이런 연극놀이가 수업내용과 관련이 있다고 보이지는 않습니다. 교육연극수업은 레크리에이션이 아닙니다. 과도한 연극놀이는 수업의 시작을 방해하고 수업을 유희적으로 만들 수 있습니다. 만약 연극강사가 처음으로 학생들을 만났을 때나 처음으로 교육연극수업을 도입한 경우라면 연극놀이로 래포를 형성할 수도 있지만 수업을 계속해오던 교실에서 갑자기 편안한 분위기 만들기는 뜬금없는 활동입니다.

둘째, 부적절한 교육연극기법 활용입니다. 교육연극수업은 학생들을 상상하게 만들고, 다른 인물이 되어 보게 하고, 시공간을 넘나들 수 있어 매우 효과적입니다. 그러나 학습이 상상만으로 이루어지는 것은 아닙니다. 상상할 것과 지식을 정확히 알아야 할 것은 별개입니다. 조선을 건국한 이성계를 주인공으로 핫시팅(인터뷰)하는 수업이 있었습니다. 한 학생이 이성계가 되고 나머지 학생들이 질문하는 교육연극수업이었는데 다음과 같은 대화들이 오고 갔습니다.

학생 A:　　　　　왜 정도전을 죽였어요?
학생(이성계 역할): 그냥요.
학생 B:　　　　　정도전을 죽일 때 기분이 어땠어요?
학생(이성계 역할): 좋았어요.
학생 C:　　　　　왜 기분이 좋았어요?
학생(이성계 역할): 내 말을 안 듣는 사람을 죽일 수 있어서 좋았어요.

아마 수업자도 학생들이 이런 식으로 장난삼아 할 줄은 몰랐을 것입니다. 이성계가 정도전을 죽이고 조선을 건국한 것은 학생들이 아무렇게나 공상하고 키득거릴 주제가 아닙니다. 정치 권력의 암투가 극대화된 것이 조선의 건국입니다. 어이없는 핫시팅 활동을 보면서 학생들이 이 수업에서 무엇을 배우고, 무엇을 느꼈을지 걱정스러웠습니다. 더 염려스러운 것은 핫시팅 이후 수업자의 결정적인 한마디였습니다. "잘했어요. 모두 수고했어요." 뭘 잘했다는 걸까요? 이 활동으로 학생들이 역사를 잘못 인식할 수도 있는데 말입니다. 교육연극수업이라는 포장지에 내용물이 가려진 느낌입니다. 이 부분은 핫시팅이 아니라 왜 이성계는 정도전을 죽였을까를 정확한 역사적 지식으로 이해해야 하는 부분입니다. 아무 주제나 교육연극수업으로 적합한 것은 아닙니다.

셋째, 교육연극수업 설계에 등장하는 박제화된 수업단계입니다. 연극기법이 수업단계에 날것으로 나열되어 불편함을 줍니다. 수업단계가 프리 텍스트 소개하기, 역할 내 교사, 전문가의 외투, 핫시팅, 드라마로 관습 수행하기 등으로 구성됩니다. 교육연극수업에서 핫시팅 기법을 사용하는 게 중요한 것이 아니라, 수업 중 어떤 인물을 더 깊게 이해하기 위해 필요한 과정으로 활용하는 것이 맞습니다. 핫시팅 자체가 아니라 '~ 인물 되어 보기' 같은 내용요소가 수업단계가 되어야 합니다. 교육연극기법을 수업단계 또는 수업의 절차로서 고정하는 것은 또 다른 경직된 틀을 만드는 일입니다. 교육연극수업은 기법들의 나열로 설계되는 것이 아니라 내용요소로 설계되어야 합니다.

수업단계는 고정된 것이 아닙니다. 고정된 틀 안에 수업을 꿰어맞추려고 하니 형식화된 틀을 만들고, 모든 수업을 동기유발로 시작해야 한다는 강박감이 생기는 경향이 있습니다. 매시간 동기유발을 할 수는 없습니다. 단원을 시작할 때, 특정 주제를 시작할 때 학생들을 학습자의 장으로 끌어들이는 역할로 과하지 않은 동기유발을 하면 됩니다. 가장 중요한 원칙은 동기유발이 본 수업과 연관되어 있어야 한다는 것입니다. 그런데 과장된 동기유발이 본 수업과 단절되는 쇼로 끝나는 것이 가장 심각한 문제입니다. 제가 아는 부장교사는 신규교사 때 공개수업을 한 후 담당 장학사의 수업 컨설팅에서 '수업은 한편의 쇼다. 동기유발을 좀 더 화려하게 하라'라는 말을 듣고 펑펑 울었다는 얘기를 토로했습니다. 20년이 지난 지금도 기억이 생생하고, 수업에 자신이 없다고 하면서요. 교사의 잠재력을 죽이는 이런 만행을 수업컨설팅이라는 이름으로 저질렀던 선배들은 지금 몹시 부끄러워할 것입니다.

 정리 콕콕! 생각 콕콕!

선생님은 위와 비슷한 고민을 한 적이 있으신가요?

1.

2.

필자는 이렇게 생각합니다

1. 학생들이 관심을 보이더라도 맥락 없는 동기유발은 의미가 없습니다.

2. 고정된 틀 안에 꿰어맞추다 보면 수업도 고정될 수밖에 없습니다.

→ 교사가 수업의 방향을 정확히 짚는 것이 바로 수업성공의 핵심입니다.

7.
[의문 기] 평가:
누구를 위한,
무엇을 위한 평가일까?

　최근에 학생중심평가, 교사별 상시평가, 성장참조형 학생평가 등 평가와 관련된 용어가 많이 생겼습니다. 우리에게 필요한 것은 새로운 용어나 큰 비전을 제시하는 정책 용어가 아닙니다. 그런 용어들로 학교 수업과 평가의 진정성을 채울 수는 없습니다. 그 어떤 시대도 학생들을 시험점수로 줄 세우자고 하지는 않았습니다. 항상 학생들의 창의성과 사고력을 신장시키는 평가를 하라고 했습니다. 기존의 일제고사를 상시평가체제로 전환하여 학생성장 중심의 논술과 실기, 실습평가에 주안점을 두는 것은 매우 바람직한 정책입니다. 평가체제의 변화는 아마도 한국교육의 지상과제일 것입니다. 아쉽게도 중고등학교에서는 여전히 중간고사와 기말고사로 학생들을 상대평가 또는 절대평가 하며, 경쟁 위주라는 평가체제를 벗어나지 못했습니다. 초등학교에서는 평가의 외형적인 틀을 바꾸어 일제고사를 폐지하고, 논술형 문제의 비율을 확대하고 평가지를 가정에 통지하고, 서열을 없애고 있으니 변화의 싹은 발아한 셈입니다.

그러나 학교에서 이루어지고 있는 평가의 실상을 들여다보면, 평가와 관련하여 교사들의 자발적인 문제의식에 기인하여 제도를 개선하는 것이 아니라 외적 지시에 따라 평가 형식을 바꾸는 데 급급하다는 것을 부인할 수 없습니다. 논술평가 문항을 몇 퍼센트로 해라, 학부모 민원에 대비하여 기준안을 만들어라, 지필고사로 해라, 수행평가 결과도 통지해라 등 평가자인 교사가 판단하고 선택해야 할 사항들을 교육청 매뉴얼로 지시합니다. 학생들에게 평가는 왜 필요한지, 교사에게 평가는 어떤 의미인지를 자문해본다면 교육청 매뉴얼로 해결될 것이 아니라는 것을 느낄 수 있을 것입니다.

평가에서 중요한 것은 행정이 아니라 본질

평가에서 가장 중요한 것은 무엇일까요? 평가문항을 교사별로 다르게 작성하는 게 중요한 것이 아니라, 교사들이 함께 수업연구를 해서 좋은 문항을 만들고, 그 문항들의 해결과정을 통하여 학생들이 성장하는 것이 바로 평가가 추구하는 본연의 임무일 것입니다. 그런데도 우리에게 평가란 사회적 시선과 학부모 민원에 예민한 뜨거운 감자 같은 영역입니다. 평가에서 교사마다 다른 문제를 냈는지 같은 문제를 냈는지가 중요한 쟁점이 될 필요도 없습니다. 상식적이고 공정하면 됩니다. 교사가 비중 있게 지도한 내용이나 학생들이 이 단계에서 반드시 알아야 할 학습내용을 평가문항으로 출제하면 됩니다. 논술형 문항의 비율이 중요한 것이 아니라 논술형 문제로 학생들의 사고를 어떻게 심화시킬 것인가가 중심이 되어야 합니다. 중등의 경우 평가와 관련된 상황은 훨씬 더 복잡합니다. 2011년부터 성취평가를 절대평가로 실시한다고 했으나, 많은 학교에서는 정상분포나 문항의 변별력, 동교과 간 평균점수 등을 이유로 여전히 평가제약이 심한 것이 현실입니다.

학교가 교사별 상시평가를 요구하는 정책에 대응하는 방식은 간단합니다. 한 교사가 출제한 시험문항을 학급별로 나열 순서를 바꾸거나, 예시문의 숫자만 바꾸는 것으로 '교사별 상시평가'를 실시하고 있다고 보고하면 그만입니다. 관료행정에 대한 대처방식이기도 합니다. 실제와 상관없이 행정과 문서가 요구하는 조건만 충족시키는 것이죠. 교사 개인별로 작성하는 문항보다 동학년이 함께 제작하고 검토한 문항이 더 신뢰를 준다는 것은 누구나 공감하는 사실입니다. 더구나 동학년(동교과) 단위로 교육과정을 운영하고, 동학년 교사들이 모여 수업연구를 하는데 평가만 교사별로 차별화된 문항을 제작하라는 것은 모순된 행정입니다. 필요에 따라 교사별로 다른 문항을 낼 필요가 있다면 그 선택은 직접 수업한 교사가 결정하는 것이 맞습니다. 교사별로 평가문항을 작성할 필요가 있는 경우는 가르친 내용이 서로 상이할 때입니다. 동일한 주제나 교재가 아니라면 교사별로 평가문항을 작성하는 것이 당연합니다. 그런데 동일한 주제를 동학년이 함께 운영했음에도 불구하고 평가문항만 각자 따로 작성하라는 게 이해할 수 없습니다. 학생을 위한 것 같지는 않고, 왜 이런 지침을 만드는지 궁금합니다.

상시평가에서 중요한 것은 학생들이 알아야 할 중요한 내용을 교사가 제대로 가르쳤는지, 학생들이 제대로 이해했는지 상호 간에 확인할 수 있는 문항을 매개로 삼아 피드백하고, 학생들의 성장을 학부모와 공유하는 것입니다. 학생 입장에서는 옆 반과 우리 반 선생님이 서로 다른 문항을 냈는지 같은 문항을 냈는지는 아무 의미가 없습니다. 학생들에게 피드백이 빠진 논술형 평가는 정책 시행에는 성공했을지 모르지만 평가의 본질에는 한참 못 미치는 방식입니다.

지금은 평가를 둘러싼 곁가지에 매달려 기운을 소진할 것이 아니라 평가의 본질적인 기능을 회복하는 데 주력해야 할 것입니다. 좋은 문항은 실제 수업상황 속에서 도출됩니다. 객관적인 문제은행이 의미가 없는 것은 그것이 '나(우리)'의 이야기가 아니라서 생명력이 없기 때문입니다. 그러므로 평가에 대한 고민 이전에 수업에 대한 고민이 깊어야 합니다. 수업의 고민은 협력적일 때 시너지 효과가 있습니다. 교육의 성과가 다른 분야와 다른 이유가 여기에 있습니다. 일반회사에서 개인의 영업실적은 개인의 노력이고 개인의 성과일 수 있지만, 수업과 평가혁신은 교사 개인의 노력과 성과로 이루기 힘든 영역입니다.

평가의 기준은 용어가 아니라 학생

교사별 평가를 하라고 한참 난리더니 이제는 학생의 전면적 발달을 돕는 성장중심평가를 하라고 합니다. 이런 용어 자체가 이전의 평가체제를 부정하는 것이라고 여겨집니다. 용어를 새로 만든다고 평가를 둘러싼 문화가 쉽게 바뀌는 것은 아닙니다. 평가가 교수학습의 질을 개선하고 학생들의 성장을 도모하는 것은 평가의 본질적인 역할이고 본연의 임무입니다. 이것이 실천되지 않았다면 새로운 용어를 만들 것이 아니라 평가의 내실을 다져야 할 것입니다.

논술형 평가를 한다고 해서 학생들의 인지적 능력이 향상되는 것은 아닙니다. 객관식 평가를 하더라도 학생들의 인지력을 키울 수 있는 좋은 문항은 충분히 만들 수 있습니다. 단답식을 통해서도 가능합니다. 지식 내용에 따라 문항의 형식은 얼마든지 바뀔 수 있습니다. 학습자의 유형과 수준에 따라서도 문항의 형식은 교수자가 선택할 사항입니다. 논술형 비율을 지시하는 것은 매우 관료적인 형태입니다.

교과 지식과 활동에 따라 수행평가를 하든 지필평가를 하든 이것은 교사가 결정할 사항입니다. 마치 수행평가를 하면 좋은 평가이고, 지필평가를 하면 구태의연한 것처럼 수행평가의 비율을 높이라고 하는 것은 타당하지 않습니다. 필요에 따라 종이에 쓰든, 학습지를 하든, 관찰하든 모두 교수자의 몫입니다. 그래서 평가에 대해 온갖 매뉴얼이 등장하는 것이 매우 유감스럽습니다. 교수자의 전문성을 신뢰하지 않는 사회적 시선에서 나온 것이니까요. 민원에 대비하기 위해 촘촘한 기준안을 만들고, 방어벽을 쌓는 데 총력을 기울이는 형상입니다. 학생들이 이 평가문항으로 작은 성장이라도 이루는지는 관심도 없는 것이 문제입니다.

일선에서는 성장중심평가를 위해 학생이 통과할 때까지 시험을 반복해서 본다고 합니다. 똑같은 시험지를 서너 번 반복한다고 학생들이 성장하는 것은 아닙니다. 왜 틀렸는지 이유도 모른 채 시험을 반복해서 보는 것은 일종의 고문입니다. 여러 번 시험을 보는 것이 아니라, 평가 결과에 대해 학생에게 피드백하는 과정이 성장중심평가의 핵심입니다. 피드백은 하지 않고 시험만 반복해서 보는 것으로 성장중심평가를 포장해서는 안 됩니다. 본질은 사라지고 형식과 절차만 무성해 보입니다. 올바른 평가를 고민하는 데 교사별 평가, 상시평가, 성장중심평가, 수행평가, 논술형 평가 등의 용어는 필요하지 않습니다. 수시로 바뀌는 평가 용어에 숨이 찹니다. 학생들이 무엇인가를 배웠다고 느끼고, 무엇인가를 알게 되었다고 느낄 수 있도록 평가의 무게를 모았으면 합니다. 평가의 객관적 기준, 루브릭 준거, 학부모 민원보다 더 중요한 것은 학생 개개인의 앎입니다.

평가와 피드백은 매우 중요합니다. 한국교육에서 매우 취약한 부분이 이것입니다. 최소한 자신의 답이 왜 오답인지를 알고 수정할 기회가 있어야 합니다. 불행히도 우리의 눈길을 끄는 것은 시험문항이 아니라 시험점수입니다. 우리 아이의 점수와 옆집 아이의 점수가 관건입니다. 학부모가 평가문항에 관심을 두는 경우는 대부분 민원을 제기할 때뿐입니다.

미국 미네소타주 오픈월드러닝 커뮤니티(Open World Learning Community) 공립 중고등학교는 460명 규모의 작은 학교입니다. 12학년의 영어시험 장면이 인상적이었습니다. 제시된 시험문항은 '사회계층과 힘의 관계'에 대해 각자의 생각을 쓰는 것이었는데, 작성 이후 교사에게 제출하는 것이 아니라 친구에게 자기가 쓴 답을 설명하고 친구의 답을 들었습니다. 만약 우리나라에서 이렇게 했다면 공정하지 않다고 바로 학부모 민원 대상이 될 법하지요. 친구와 생각을 나눈 후에는 모둠별로 앉아서 교사가 나누어 준 카드로 한 번 더 사회계층에 대해 다지는 활동을 했습니다. 평가가 학생을 줄 세우는 도구가 아니었습니다. 학생들의 앎을 확인하고 알도록 이끌어가는 과정이었습니다.

오로지 도망치기 위해 한국 중학교에서 캐나다로 유학을 갔다는 고등학생을 만났습니다. 한국에서는 공부도 못하고 자존감이 낮으며 꿈이 없는 중학생이었는데, 유학 후 3년쯤 지나면서 나도 할 수 있다는 자신감을 갖게 되었다고 하더군요. 막연하게 정서적으로 회복했다는 뜻이 아닙니다. 토론 수업을 하고 에세이를 쓰면 반드시 선생님이 피드백을 해주고, 점수까지도 학생과 합의하고 서로 설득하는 과정이 있다고 합니다. 수학은 진도가 매우 늦고 새로운 개념을 완전히 이해할 때까지 반복해서 설명하며, 선수학습과 연결되어 있고, 비슷한 유형의 문제를 단계적으로 풀게 하니 한국에서처럼 수포자 인생을 살지 않게 되었다고 했습니다. 이해가 느린 학생을 위해 설명을 반복해서 해주고, 교과서 위주로 수학 수업을 하고, 시험문제도 수업시간에 풀이한 것과 비슷한 유형이라 수학 시험이 한국에서처럼 두렵지 않다고 했습니다. 그에 비해 한국의 평가제도는 학생들을 끊임없이 경쟁시키는 투견장 같다는 말도 하더군요. 마음이 아픕니다. 우리는 투견장을 없앨 생각은 하지 않고 투견장의 울타리 색깔을 바꾸는 데 너무 많은 에너지를 쏟는 것은 아닐까요? 투견장 안에서는 누구도 자유로울 수 없으며, 누구도 행복할 수 없고, 누구도 자기 삶의 주인이 될 수 없습니다.

정리 콕콕! 생각 콕콕!

선생님은 위와 비슷한 고민을 한 적이 있으신가요?

1.

2.

필자는 이렇게 생각합니다

1. 평가는 문항의 해결과정을 통해 학생들이 성장할 때 의미가 있습니다.

2. 평가는 학생들이 알아야 할 내용을 교사가 제대로 가르쳤는지, 학생이 제대로 이해했는지 확인하는 상호 간의 피드백입니다.

→ 평가에서 가장 중요한 것은 바로 학생 개개인의 '앎'입니다.

8.
[의문 8] 학생반응: 알겠니? 네. 진짜?

EBS에서 초등학생들을 대상으로 10분간 떡볶이를 만드는 영상을 보여주고 자기가 얼마나 기억하는지 백분율로 적으라고 했더니 학생 대부분이 85~95% 정도 안다고 대답했습니다.

구체적인 질문으로 확인했더니 학생들은 생각이 안 난다, 모르겠다며 이후 자신이 이해한 것은 50% 정도라고 수정했습니다. 학생들은 내용을 대강 이해하면 그것을 안다고 생각합니다. 기억했다고 생각하고, 말할 수 있다고 착각하는 것입니다. 질문했을 때 기억 속에서 바로 꺼내지 못한다는 것은 제대로 이해되지 않았음을 의미합니다. 그런데 이런 상황들이 일상수업에서 매우 많이 발생합니다.

교사가 수업 후에 학생들에게 묻습니다.

교 사: 오늘 수업 어땠나요?
학생들: 재미있었어요.
교 사: 오늘 공부한 내용 이해했나요?
학생들: 네~.

수업정리 단계에서 흔히 볼 수 있는 광경입니다. 정말 학생들은 오늘 공부한 내용을 이해했을까요? 이것을 확인하는 과정은 의외로 간단합니다. 오늘 배운 중요한 개념을 공책에 자기 언어로 쓰게 하거나 구조화하여 정리하게 하면 정말 이해했는지 아닌지를 금방 알수 있습니다. 3, 4분이면 자기학습 상태를 점검할 수 있습니다. 그런데 요즘은 수업에서 이런 자기 정리가 사라지고 있습니다. 쓰는 과정을 생략하거나 지나치게 폄하하여 수업은 왁자지껄하게 하지만 개개인이 무엇을 알게 되었는지, 무엇을 모르는지 점검할 틈이 없습니다. 최근에 학교는 행복한 학교, 즐거운 학교를 지향하면서 수업과 평가 부담을 줄이는 데 총력을 기울입니다. 맞습니다. 학생들을 수동적으로 만드는 수업과 고질적인 평가는 개혁해야 마땅합니다. 그러나 그 과정에서 촘촘해야 할 수업의 과정들을 뭉툭하게 대강대강 넘어가는 것이 문제입니다.

우리는 쪽지시험을 우습게 여기고 무시하지만, 개인의 학습상태를 점검하는 데 매우 유용합니다. 점수로 비교하는 게 목적이 아닙니다. 교사는 오늘 배운 수업내용을 학생이 이해했는지 점검해야 할 의무가 있으니까요. 예를 들어보겠습니다. 6학년 국어 시간에 속담을 공부했습니다. A 교사는 몇 가지 속담에 관한 학습 동영상을 보여주고, 마음에 드는 속담을 캘리그라피로 꾸미는 활동을 했습니다.

학생들은 아주 재미있게 수업했고, 속담에 대해 잘 알게 되었다고 수업소감을 말했습니다. B 교사는 학생들이 오늘 배운 속담과 그 뜻을 적고, 그 속담을 이용해서 짧은 글짓기를 하도록 했습니다. 그리고 다음 날 쪽지시험으로 외운 속담을 쓰게 했습니다. 어느 반 학생들이 속담을 제대로 기억할까요? 속담을 아는 것이 성취기준이라면 속담을 알도록 가르쳐야 합니다. 속담을 이용한 활동만 하는 것으로 속담을 저절로 알게 되는 것은 아닙니다.

'안다'가 '진짜 아는 것'이 되려면?

학생들이 안다고 대답한 것을 무조건 믿는 것은 신뢰가 아니라 학습결과 확인을 소홀히 하는 것입니다. 특히 학생마다 학습격차가 있다는 것을 간과하면 안 됩니다. 안다고 대답한 학생들 뒤에는 오늘 공부한 내용을 이해하지 못한 학생들도 많습니다. 그 학생들은 모른다고 말하지 않습니다. 그냥 묻어서 넘어가는 거지요. 이런 순간들이 누적되어 학습부진과 학습소외 현상이 심화됩니다.

객관식 사지선다형 평가에 대한 반기로 논술형이나 서술형 평가가 강조되고 있습니다. 그러다 보니 논술형 평가에 대한 잘못된 신념도 있습니다. 어떤 학교는 100% 논술형 평가를 시행하고 있다고 자랑합니다. 100% 논술형 평가는 학생들이 습득해야 할 지식을 간과하는 경우가 많습니다. 수학 분수의 통분을 평가할 때는 논술형 평가 이전에 통분에 대한 명확한 이해와 비슷한 유형들을 반복적으로 풀이함으로써 통분의 과정을 명확히 이해하는 것이 중요합니다. 분수의 통분 과정에는 필연적으로 연산기능이 필요합니다. 연산기능은 반복적인 연습으로 습득됩니다.

학생들이 무엇을 알고, 무엇을 어려워하는지 다양한 형태의 평가 문항이 필요합니다. 논술형만 정답이 아닙니다. 학습과정에 대한 꼼꼼한 피드백 없이 학생들이 알게 되었을 거라고 판단하는 것은 지나친 낙관입니다.

수업소감 쓰기가 수업 마무리가 되려면?

20차시 넘게 사회 역사 단원을 교육연극으로 수업한 후 포스트잇에 한 줄 소감 쓰기로 수업을 마무리하는 것은 아쉬움이 남습니다. 조선시대에 관해 역사 수업을 했다면 학생들이 기억해야 할 역사적 지식은 매우 많을 겁니다. '태정태세문단세'처럼 조선시대 왕들을 무의미하게 외울 필요는 없지만 조선 역사의 획을 긋는 대서사는 많으니까요. 우리는 역사적 사실을 아는 것을 단순한 암기라고 경시합니다. 맥락 없이 무조건 암기하는 것은 잘못이지만, 수없이 많은 역사적 사건이나 인물을 전혀 암기하지 않고 기억할 방법이 없는 것도 사실입니다. 수업을 '재미있었나요? 이해했나요?'라고 감정적으로 마무리할 것이 아니라 학생들이 오늘 수업에서 알아야 할 지식(태도)이 무엇인지를 분명한 자기 말로 표현하게 해야 합니다. 교사의 두리뭉실한 질문에 학생들은 항상 영혼 없이 대답합니다, '예'라고. 그래야 끝나기 때문입니다.

지식적인 내용이 있는 수업이라면 수업소감 한 줄 쓰기로 마무리하는 것은 부족합니다. 단순히 느낌과 감정을 쓰는 차원을 넘어서 수업에서 학생들이 무엇을 알게 되었는지 정리할 수 있도록 지도해야 합니다. 6.25 전쟁에 관한 수업을 하고, '전쟁은 슬퍼요, 나빠요'라는 한 줄 소감으로 마무리된다면 핵심이 빠진 것입니다. 전쟁에 관한 역사적 사실은 지식으로 학습해야 하며, 학습은 지식과 감성이 어우러져야 합니다.

프로젝트수업 후 학생들이 분명하게 아는 것이 없다면 그것은 실패한 수업입니다. 프로젝트수업이 학생들에게 의미가 있는 이유는 다양한 지식을 찾고 연결하는 과정에 훨씬 더 많은 시간과 노력을 들였기 때문입니다. 제대로 공부했다면 어떤 유형의 수업을 하든 알아야 할 지식은 분명히 알아야 합니다. 새로운 개념은 이해하고 외워야 나의 지식이 됩니다. 아무리 인터넷에 지식이 넘쳐도 내가 알지 못하는 것은 나의 지식이 아닙니다. 어떤 정보를 검색해야 하는지를 알아

제대로 검색하고, 검색한 정보의 의미를 해석하는 것은 나의 지식을 토대로 합니다.

 정리 콕콕! 생각 콕콕!

선생님은 위와 비슷한 고민을 한 적이 있으신가요?

1.

2.

필자는 이렇게 생각합니다

1. 학생들이 안다고 대답하더라도 학습결과에 관한 확인 과정이 필요합니다.

2. 학생이 자기 언어로 학습한 내용을 구조화하는 과정이 필요합니다.

9.
[의문 9] 수업참관:
학생만 보라고요?
그럼 교사는요?

공개수업을 가면 주로 지도안과 참관록이 놓여 있습니다. 참관록을 작성하는 과정에서 수업참관자는 교사의 수업 기획과 흐름, 학생들의 반응 등을 관찰하게 됩니다. 참관이라고는 하지만 평가적인 요소도 있어서 참관자와 수업자 모두 불편한 경우가 있습니다. 이런 공개수업 구조를 개선하기 위해 새로운 시도가 일어나고 있습니다. 수업참관을 할 때 참관하는 교사들이 수업자가 아니라 학생 한 명을 참관대상으로 선정하여, 그 학생의 일거수일투족을 관찰하고 기록하는 방법입니다. 과거의 수업참관 방법이 교사를 평가하고, 교사의 발문 형태를 지적하고, 수업공개 후 수업성장은커녕 상처 난 마음을 보듬어야 하던 것에 비하면 매우 건강한 문화입니다. 참관자의 시선을 수업자가 아닌 학생 한 명에게 두는 것입니다. 문제는 이런 방식이 또 다른 편협한 참관문화를 낳을 수 있다는 것입니다.

교사의 수업설계는 수업참관에서 제외하라고?

중학교에서 신문사설을 주제로 국어 수업을 했습니다. 수업을 참 관하는 사람들은 좌석표에 지정된 학생 한 명을 배당받았고, 그 학생 가까이에서 그 학생을 관찰하고 기록하는 역할을 맡았습니다. 필자 도 남학생 한 명을 배당받아 열심히 참관했습니다. 그 학생이 연필을 돌리고, 머리를 긁적거리고, 다리를 떠는 행동까지 깨알같이 기록했 습니다. 모둠토의에서 친구들과 주고받는 말은 물론 학습지에 작성 한 내용도 기록했습니다. 25명의 참관자가 각각 학생 한 명씩을 참관 한 셈입니다. 문제는 이후 수업협의회 시간에 발생했습니다. 참관자 중 한 명이 사설의 내용이 학생들의 수준에 맞는지 검토할 필요가 있 다고 발언하자, 협의회를 진행하는 교수가 '그런 것은 이야기하지 말 고, 학생의 행동만 말하라'라고 제지했습니다.

수업과 협의 과정을 지켜본 필자는 여러 가지 의문이 들었습니다.

첫째, 내가 기록한 학생의 행동을 신뢰할 수 있는지 의문이 들었 습니다. 참관하는 교사들이 학생들 곁에 딱 붙어 있었고, 학생의 노 트와 책을 뒤적이기도 하고, 모둠토의를 하는 학생을 턱을 괴고 바라 보기도 했습니다. 학생들은 힐끔힐끔 쳐다보는 등 불편한 모습이 역 력했지요. 여러 이유로 오늘 참관한 학생의 수업반응이 일상적이라 판단할 수 없었고, 그만큼 신뢰성이 있다고 보기도 힘들었습니다. 집에 손님이 많이 왔을 때 평소와는 다른 자세로 인사하는 것과 비슷합니다.

둘째, 학생의 수업반응을 자세히 관찰하는 것은 학생을 이해하는데 좋은 자료가 되는 것은 사실입니다. 수업자가 알지 못했던 학생들의 반응도 수업참관자의 기록에서 많이 드러나기 때문입니다. 그러나 일 년에 딱 한 번, 공개수업에서 보이는 반응으로 학생들을 재단하는 것은 지나친 일반화라는 생각이 들었습니다.

2013년 포천에서 장학사를 할 때 박주훈 선생님을 만났습니다. 장학사에게 수업을 10번 공개했다면 박 선생님이 얼마나 수업에 열정적인지 짐작할 수 있을 것입니다. 수업을 주 1회 간격으로 특정 과목을 선정하지 않고 10회 참관했고, 그중 수업에 참여하지 못하는 다문화 학생 한 명을 집중적으로 기록한 적이 있습니다. 수업 후 수업 영상을 수업자와 같이 보면서 수업자가 알지 못했던 그 학생의 반응과 수업 중 행동들을 면밀하게 파악할 수 있었습니다. 만약 한 번의 수업참관으로 그 학생에 대해 이야기한다면 신뢰성이 떨어졌을 것입니다. 더구나 필자는 그 당시 학생 옆에서 관찰한 것이 아니라 학생이 자신이 관찰되고 있다는 것을 의식하지 못하도록 카메라 렌즈를 이용해 멀리서 관찰하고 기록했습니다.

사람은 누구나 다른 누군가에게 관찰당하는 상황이 편안하지 않습니다. 학생도 마찬가지입니다. 모르는 선생님이 나를 빤히 보고, 내 행동을 보면서 계속 뭔가를 기록하는 그 시간이 불편한 것은 당연합니다. 그 불편한 한 시간을 놓고 우리는 너무 많은 이야기를 담아내는 것은 아닌지 모르겠습니다.

셋째, 학생들의 반응만 이야기하고 교사의 수업설계에 관한 질문을 금기시하는 폐쇄성입니다. 수업은 교사와 학생이 상호작용으로 이어가는 연속적인 상황입니다. 교사의 질문과 교사가 제시하는 학습지의 적절성은 수업설계에 중요한 요소입니다. 교사의 수업설계에 대해 질문하는 것을 금기시한다면 진정한 성장의 시간이 되기는 힘듭니다.

수업을 참관하는 문화도 극단적입니다. 과거에는 수업자를 난도질하는 수업참관으로 힘들었다면 지금은 수업자를 제외하고 학생만 보라고 합니다. 둘 다 잘못된 수업참관 방식입니다. 수업은 교사와 학생, 환경이 어우러진 종합예술입니다. 한쪽만 보라고 강요해서는 안 됩니다. 필자는 학생 한 명을 집중 관찰할 때도 교사의 발문과 다른 학생들의 반응을 모두 관찰했습니다. 이것이 가능했던 것은 수업을 녹화했기 때문입니다. 영상을 통해 학생의 표정과 반응을 분석했고, 교사와 학생들 전체 반응을 알 수 있었습니다. 수업에서 학생 한 명이 분리될 수는 없습니다. 수업 안에서 학생을 바라보려면 한 학생을 둘러싼 다른 학생들과의 상호작용, 교사의 수업운영을 함께 바라보아야 합니다.

수업에서 학생의 반응은 소중하지만, 불편한 상황 속에서 관찰당하는 한 시간의 내용으로 그 학생을 평가해서는 안 됩니다. 한 명의 학생한테서 보이는 행동으로 수업을 바라보는 것은 나뭇잎 하나를 보고 숲의 크기를 이야기하는 것과 같습니다. 수업은 숲입니다. 한 그루 나무를 보고 숲을 보았다고 말하지 맙시다. 한 그루 나무만 보는 것이 옳다고 강요하지도 맙시다.

 정리 콕콕! 생각 콕콕!

선생님은 위와 비슷한 고민을 한 적이 있으신가요?

1.

2.

필자는 이렇게 생각합니다

1. 수업참관은 교사의 발문과 학생들의 반응을 모두 살펴봐야 합니다.

2. 수업참관 시 학생의 반응은 그 학생을 둘러싼 다른 학생들과의 상호작용, 교사의 수업운영을 함께 바라봐야 합니다.

→ 숲을 보듯이 수업을 보는 자세가 필요합니다.

| 3부 |

뿌리 깊은 수업을
만드는 7가지 힘

0.
수업은 교사의
예술 과정이다

　'수업 고수'란 수업을 잘하는 교사를 말하는 것이 아닙니다. 수업을 기능적으로 세련되게 하는 교사가 아니라 올곧은 수업철학을 갖고 수업을 고민하는 교사를 말합니다. 수업은 기능 이상의 가치를 지향하는 과정이기 때문에 기능과 전략의 우수성으로 수업을 판단해서는 곤란합니다. 우리가 수업방법과 전략을 중심으로 다른 사람의 수업을 평가한다면 수업문화는 개선되기 어렵습니다. 수업 잘하는 교사로 인정받겠다는 인정 욕구가 지나치면 수업에 불필요한 힘이 들어가게 됩니다. 오히려 남의 시선을 신경 쓰기보다는 초심으로 수업을 고민하는 자세가 수업의 고수가 되는 지름길이라고 말하고 싶습니다. 남의 시선을 의식해서 애를 쓴다고 고수가 되는 것이 아니라, 나도 모르는 사이 남들이 나를 수업의 고수로 부르게 되는 상황이 되어야 진정한 고수 아닐까요? 필자가 아는 몇몇 수업 고수들은 본인이 수업을 잘하는 교사로 불리는 것을 모를 뿐만 아니라 아랑곳하지도 않습니다.

3부에서는 원론적인 수업이론을 거론하지 않습니다. 교육과정의 개념, 교육과정 운영 수준과 구성, 수업의 절차, 교육과정재구성 방향 등 교육학 이론서에 통상적으로 담겨 있는 목차를 되풀이하지는 않을 것입니다. 그런 원론적인 내용은 필자가 아니어도 많은 사람이 이미 저술한 상태이며 교육대학과 사범대학, 임용고시, 각종 연수에서 수없이 많이 듣기도 했습니다. 정확히 아는 것도 있고 대충 아는 것도 있지만 어쨌든 식상합니다. 더이상 우리에게 울림을 주는 용어가 아닙니다. 실제 수업을 고민하고 디자인하는 데서 멀리 떨어져 있고, 선생님들의 마음에 다가서지 않는 형식화된 글자라는 생각이 듭니다.

3부는 남에게 보여주는 공개수업을 위해서가 아니라 나를 교사로 존재하게 만드는 수업의 내공을 위해서 고민해보는 것이 중심입니다. 교사들은 자신의 수업에 대해 지나치게 겸손한 면이 있습니다. 최선을 다하고도 소심하게 감추려 합니다. 이제 내 수업에 자신감을 갖고 떳떳하게 말했으면 좋겠습니다. 이 떳떳함은 자만심이 아니라 최선을 다했을 때 생기는 자기성취감이자 자기 긍정에너지입니다. 교사의 자기성취감은 작게는 내적 동기의 출발이지만 궁극적으로 수업의 질을 향상시키는 공공성에 기여하게 됩니다. 학생들을 위해 수업연구를 한다는 어정쩡한 봉사 프레임이 아니라 교사로서 자기 엄격성과 교육의 공공성을 실천한다는 책무성이 더 필요한 자세입니다.

수업은 나의 예술과정입니다. 이번에는 수업 초심에서 시작해 수업을 기획하고 실천하는 과정까지 선생님에게 필요한 일련의 요소들을 살펴보겠습니다. 수업을 기획하기 전, 나의 수업 생각들을 되짚는 것으로 화두를 시작하고자 합니다.

1.
[1단계] 수업철학
- 가르침과 배움을 생각하라

수업철학이 뭐냐고 물어보면, 선생님 대부분은 "글쎄요, 그런 거꼭 있어야 하나요?"라며 당황스러워합니다. 질문을 바꾸어, 수업할때 교사로서 어떤 점을 비중 있게 생각하는지를 물어보면, 교재연구부터 학생의 반응까지 다양한 스펙트럼으로 대답이 나옵니다. 이런수업생각이 모여 깊이를 갖게 되면 수업철학이 됩니다.

이제 이런 생각들이 일상적으로 수업을 설계할 때 얼마나 반영되는지 짚어봐야 합니다. 첫 번째 주제는 수업할 때 교사로서 비중을두어야 할 지점들을 찾아보고, 이것들을 일상의 수업으로 어떻게 연결하여 매듭짓는지를 가다듬는 것입니다. 수업에 사용할 수 있는 수업자료를 찾고, 수업지도안을 작성하기에 앞서 여유를 가지고 내 수업을 돌아봤으면 합니다.

무조건 수업을 열심히 하자는 이야기가 아닙니다. 오히려 비판적 안목 없이 무조건 유행하는 수업을 열심히 따라 하는 교사를 볼 때면 안타까운 마음이 듭니다. 때로는 열심히 하는 것이 오히려 독이 되기도 하니까요. 왜 하는지 성찰하지 않고 열심히 하는 것은 마치 해적선의 노를 열심히 젓는 선원과 같습니다. 내가 탄 배가 해적선인지 유람선인지를 판단하는 것은 순전히 교사인 나의 몫입니다. 이런 판단력을 갖추려면 시류에 흔들리지 않는 수업관을 가지고 있어야 합니다. 시류를 쫓는 수업관이란 정책홍보용 수단으로 별난 이름을 붙여서 수업을 도구로 이용하거나 외국의 수업이론을 무조건 신봉하여 추앙하는 형태들이 대표적입니다. 심지어 교조주의적인 분위기마저 띱니다. 이것만이 옳다는 신념에 가득 차서 다른 것을 수용하지 않으니 그 폐쇄성이 걱정입니다. 편파적이고 편협한 신념은 차라리 없는 것이 낫습니다.

수업은 과학 실험처럼 변인이 통제되는 것이 아닙니다. 그래서 A 교사에게 성공적인 수업도 B 교사의 수업에서는 다를 수 있습니다. 남의 수업결과를 쫓아 그 성공을 흉내 내려고 한다면 자꾸 성과 중심의 수업을 구상하게 됩니다. 곁가지를 쳐내고, 남의 이목을 떼어내어야 내 수업이 보입니다. 좋은 수업을 참관하는 자세는 좋지만 그대로 모방하려고 애쓰지 않아도 됩니다. 빨리 수업을 잘하려고 조급증을 내지 않아도 됩니다. 한꺼번에 영양제를 한 움큼 먹는다고 체력이 금방 좋아지는 것이 아니듯 수업이 성숙하는 것도 시간이 필요합니다.

참으로 다행한 것은 수업할 기회가 많다는 겁니다. 오늘 시행착오를 했다고 좌절하지 않아도 된다는 것은 정말 큰 특권입니다. 오늘 미진한 수업을 내일 다시 시도해볼 수 있으니까요. 어떤 선생님에게는 지루한 반복이 어떤 선생님에게는 창조적인 재생이 될 수 있습니다. 내 수업을 남의 시선에서 해방시켜야 합니다. 남들의 판단이나 평가에 상관없이 수업에서 뿌듯함을 느낄 수 있는 것은 오로지 '나'입니다.

수업을 판단하는 준거, 학생들에게도 의미가 있을까?

남에게 보여주는 수업준비가 아니라 내가 평소에 수업에서 중요하게 생각하는 것이 무엇인지 메타인지적으로 접근해봅시다. 우리는 남의 수업을 평가하는 준거들에 익숙합니다. 배움문제가 성취기준을 포함하고 있는지, 수업활동에서 배움문제가 명확한지, 교사와 학생 간의 상호작용은 일어나는지, 학생의 배움이 성장하는지, 평가계획은 포함되어 있는지 등입니다. 이런 수업판단 준거를 보면 현상을 객관적으로 보려는 노력이 두드러집니다. 배움문제가 성취기준을 포함하고 있는지 아닌지는 누가 봐도 금방 알 수 있습니다. 교사와 학생 간의 상호작용도 눈에 보이는 것으로 판단하는 것이기 때문에 학생들이 모둠학습을 하거나 움직이는 동선을 보이면 상호작용이 잘 일어났다고 판단합니다. 수업지도안에 평가계획이 들어가 있고, 학습지가 있다면 평가계획도 잘 수립된 것으로 판단하게 됩니다. 그래서 많은 교사가 공개수업을 준비할 때 이런 준거들에 부합되는 여러 장치를 준비해서 수업을 안전하게 전개합니다. 그 교실의 일상수업 장면과는 거리가 멀지만 아무도 그 점에 대해서는 의문을 제기하지 않습니다. 보이는 한 시간 수업으로 다른 사람의 수업을 판단한다는 것은 눈앞에 보이는 것 너머를 보지 못한다는 한계점이 있습니다.

학생 입장에서 생각해봅시다. 학생들은 선생님이 제시하는 배움 문제가 성취기준을 포함하고 있는지 아닌지 알지 못합니다. 그렇지만 이 수업이 지루한지, 흥미로운지는 감각적으로 느낄 수 있습니다. 학생들에게는 이 수업에 상호작용 과정이 있는지 없는지는 중요한 요소가 아닙니다. 학생은 수업을 참관하고 평가하는 사람이 아니라 수업의 최전방에 내몰린 사람입니다. 제가 굳이 '내몰림'을 강조한 것은 학생들에게 수업 선택권이 없기 때문입니다. 학생들에게 수업은 상당히 부담스러운 의무일 수 있겠다는 생각이 듭니다. 제가 고민하는 것은 학생들이 느끼는 이 부담감을 어떻게 하면 조금이라도 줄이고 배운다는 것에 흥미를 보이게 할 것인가입니다. 배움의 과정은 자신이 참여했을 때만 의미가 있습니다. 내가 참여하지 않은 수업의 상호작용은 아무런 의미가 없습니다. 옆 친구가 학습했다고 해서, 모둠이 토의했다고 해서 그것이 나의 배움이 되는 것은 아니기 때문입니다. 수업을 바라보는 시선들이 교사의 수업 기량을 판단하고 칭찬하는 준거가 아니라 학생들의 학습이 어느 정도 제대로 작동하는지에 주목해야 하는 이유이기도 합니다.

특정한 수업설계 방식이나 이론에 근거해서 수업을 기획할 것이 아니라, 내 수업을 통해 우리 반 학생들이 무엇을 배워야 할지 분명하게 방향을 정하는 것이 바로 수업철학입니다. 어렵고 거창한 담론이 필요한 것은 아닙니다. 나의 시선이 학생들에게 머물러 있으면 됩니다. 수업의 출발은 우리 반 학생들입니다. 출발점을 허공에 설정하면 자꾸 뜬구름 잡는 수업이 됩니다. 지도안에는 갖가지 역량과 문해력 적용이 등장하지만 막상 실제 수업에서는 진부하거나 형식적인 수업에 머무릅니다. 수업고민의 출발이 우리 반 학생들이 아니라 현학적 허상에 있기 때문에 급조된 용어들이 날것으로 등장하는 거죠.

누군가가 왜 수업하냐고 묻는다면 내 대답은 '무엇인가를 가르치기 위해서'입니다. 요즘은 가르친다는 행위를 지시적이고 권위적인 것으로 치부하는 경향이 있지만, 본질을 깎아내리는 이분법적인 사고입니다. 가르치는 것과 배우는 것을 대항시켜서는 안 됩니다. 교사의 가르침 속에는 학생의 배움이 연결되어 있습니다. 그래서 수업고민의 기저에는 이 수업으로 학생들은 무엇을 배우게 될 것인지에 대한 의문이 수반되어야 합니다. 학생 입장에서 이 수업이 어떤 배움의 시간이 될지 생각해보아야 합니다. 해도 되고 안 해도 되는 수업이라면 차라리 안 하는 것이 낫습니다. 나이스 교육과정 수업시수나 채우는 그런 수업을 위해 아까운 에너지를 쏟을 이유는 없습니다.

수업철학은 성찰의 깊이에 따라 견고해지기도 하고, 매너리즘에 빠져 성장을 멈추게도 합니다. 수업철학은 유기체와 같습니다. 자신에게 끊임없이 다음과 같은 질문을 던질 때 비로소 수업철학은 건강하게 성장할 수 있습니다.

- 나는 수업에서 무엇을 강조하는가?
- 나는 학생들에게 무엇을 질문하는가?
- 내 수업에서 소외되는 학생들은 없는가?
- 내 수업에서 학생들은 무엇을 배우는가?
- 내 수업이 학생들에게 의미 있는 시간일까?
- 내 수업에서 학생들은 성장하는가?

 정리 콕콕! 생각 콕콕!

선생님은 위와 비슷한 고민을 한 적이 있으신가요?

1.

2.

필자는 이렇게 생각합니다

1. 수업철학은 '내가 평소에 수업에서 중요하게 생각하는 것'입니다.

2. 나는 왜 수업하는지, 내 수업에서 학생들은 성장하는지를 고민하는 것이 수업철학입니다.

→ 수업철학은 곧 수업고민이며, 그 고민의 시작은 우리 반 학생들이어야 합니다.

2.
[2단계] 수업디자인
- 교사의 자존감과
학생의 현실을 직시하라

좋은 수업을 디자인하고 싶다면 먼저 수업자존감이 필요합니다. 인터넷 사이트와 다른 사람들의 블로그에 의지하기 전에 '내 수업은 내가 한다'는 주체성이 있어야 합니다. 수업을 앞두고 제일 먼저 하는 일은 무엇인가요? 교실 청소 아니면 게시판 정리? 혹시 따끈따끈한 수업자료가 넘치는 인터넷 사이트에서 수업하기 좋은 차시를 웹서핑하는 것은 아닌가요? 그러다가 우연히 지도안과 학습지가 세트로 첨부된 공개수업안을 찾는다면 운이 좋다고 생각하나요? 당장은 시간을 적게 투자했는데 멋진 수업자료를 득템해 좋을 수도 있지만, 점점 선생님의 수업 전두엽을 퇴화시키는 길이 될 수도 있습니다.

공개수업이라는 말만 들어도 스트레스 지수가 확 올라가나요? 이제 공개수업과 일상수업의 이중적 구조에서 벗어났으면 좋겠습니다.

더이상 한 시간의 공개수업을 위해 여러 시간의 일상수업을 희생시키는 실수는 하지 않았으면 합니다. 공개수업에 투자한 교사의 시간과 에너지를 생각하면 가성비가 떨어지는 일이기 때문입니다.

공개수업을 하기에 좋은 차시를 찾아서 헤맬 필요가 없습니다. 공개수업은 내가 일상적으로 하는 수많은 수업 중 한 시간일 뿐입니다. 그 한 시간이 특별한 의미가 있는 것도 아니고, 특별히 시간을 쏟아야 할 이유가 있는 것도 아닙니다. '교장, 교감이 보니까!' 이런 유치한 문장은 학교사회에서 사라져야 할 구시대적인 것입니다. 선생님들의 수업자존감 회복을 위해 몇 가지를 제안하고자 합니다. 이와 관련하여 『교육연극, 프로젝트 수업을 만나다』 1장에서 언급한 내용을 일부 인용했습니다.

교사, 수업자존감 깨우기

선생님들이 인터넷 자료를 검색하고 활용하는 것은 참신한 자료를 빠르게 활용할 수 있기 때문일 것입니다. 특히 젊은 선생님들의 톡톡 튀는 아이디어와 학생들의 눈이 휘둥그레질 만한 재미있는 영상들을 보면 '아, 역시 나보다 참 잘하는구나!' 하는 탄성과 존경심이 저절로 생깁니다. 웹서핑으로 건질 수 있는 자료들이 많아지다 보니 점점 수업자료를 인터넷 검색에 의존하게 됩니다. 자료만 활용하면 그나마 다행입니다. 교재 연구가 수업 차시에 해당하는 지도안을 검색하는 것으로 시작된다면 우리들의 수업 정체성을 되짚어야 할 것입니다. 수업을 디자인하는 첫 단계부터 남이 만든 수업지도안을 보고 따라 한다면 그것은 나의 수업이 될 수 없습니다. 익명의 교사가 만든 수업지도안을 따라 해야 할 만큼 나는 무능력하고 열정 없는 교사가 아닌데도 말입니다.

수업디자인의 첫 단계는 나 자신입니다. '나는 내 수업에 책임감이 있고, 잘할 수 있는 교사'라는 믿음이 필요합니다. 남의 지도안을 검색하기 전에 내가 이 수업에서 무엇을 가르치고 싶은지, 우리 반 학생들의 학력수준에 맞는 수업은 어느 수준인지 고민해야 합니다. 그 고민의 몫은 오롯이 수업자인 나의 몫입니다. 아무리 톡톡 튀는 인터넷 자료도 나의 고민을 대신해줄 수는 없습니다.

학생, 내 수업의 나침반

필자 역시 수업준비가 매우 부담스러웠던 적이 있습니다. 신도시 지역에서 영어전담교사를 할 때였는데, 사교육 과열 지역으로 학습수준이 매우 높아 영어 교과서 내용만으로 수업할 수 없었습니다. 게다가 원어민교사와 함께 팀티칭을 하게 돼서 사전 수업협의가 꼭 필요했습니다. 제 고민은 학생들의 수준에 맞는 수업을 하는 것과 원어민교사의 강점을 살리는 것 2가지였습니다. 그래서 만든 것이 수업 시작 단계의 'Today's Question' 활동입니다. 전담 교실로 이동한 어수선한 분위기에서 교과서로 수업을 시작하지 않고, 오늘 배울 주제와 관련된 4줄 정도의 대화문을 원어민교사의 발음으로 가르치고, 2

명씩 연습한 후 다시 피드백하는 활동입니다. 15분 정도 소요되었으니 꽤 비중 있게 운영한 셈입니다.

학생들의 수준이 전반적으로 높다고는 해도 반마다 6~7명은 교과내용을 이해하지 못하거나 소심해서 대화문을 연습하지 못하는 학생들이 있었습니다. 필자의 역할은 이런 학생들을 그루핑하여 지도하는 것이었습니다. 학급마다 수업에서 소외되는 학생들을 선별하고, 자세히 관찰하고 기록하는 일이 수업연구의 많은 부분을 차지했습니다. 만약 필자가 농어촌지역에서 영어전담을 했다면 수업내용과 방식을 완전히 달리했을 것입니다. 영어 교과서 내용에 더 충실하고, CD 자료를 더 많이 활용했겠지요. 영어 수업을 하는 사람은 '나'지만, 수업의 속살을 결정하는 것은 '학생'입니다. 지금 가르칠 학생들을 자세히 들여다보고, 교과나 수업내용에 따라 필수적으로 알아야 할 지식을 선정한 후 최종적으로 방향을 정해야 합니다.

교과서와 지도서, 불가근불가원

아시나시피 불가근불가원(不可近 不可遠)은 중국 춘추전국시대의 고사성어입니다. 너무 가까이하지도 말고 너무 멀리하지도 말라는 가르침입니다. 왜 교과서와 지도서를 두고 필자는 불가근불가원을 말할까요? 교과서의 내용을 모두 가르쳐야 한다는 굳은 신념으로 교과서를 펼치는 선생님도 있습니다. 교과서 내용을 다 가르치지 않았을 경우 발생할 수 있는 학부모 민원을 고려했을 수도 있습니다. 슬픈 현실입니다. 교사의 기본적인 교육과정 운영권도 보장되지 않는데, 학교 민주주의를 외치는 것은 통찰력 없는 교육정책입니다. 이런 시선으로 교과서를 보면 버릴 내용이 보이지 않습니다. 반대로 어설프게 교과서를 제대로 파헤치지도 않은 채 어디서 주워들은 '교과서를 버리라'라는 소리만 받아들여 아예 교과서를 등한시하는 쪽도 편파적이기는 마찬가지입니다.

교과서와 지도서는 맹신하지도 말고, 버리지도 마십시오. 우리가 선택하고, 버리고, 재창조할 수 있는 좋은 자료입니다. 인터넷 사이트에서 남이 만든 지도안을 검색하기 전에 교과서와 지도서를 보고 내가 취할 것과 버릴 것을 선택하는 것, 그것이 수업연구의 출발입니다.

정리 콕콕! 생각 콕콕!

선생님은 위와 비슷한 고민을 한 적이 있으신가요?

1.

2.

필자는 이렇게 생각합니다

1. 교사는 수업자존감을 깨우기 위해 스스로에 대한 믿음이 필요합니다.

2. 수업을 하는 사람은 '교사'지만, 수업의 속살을 결정하는 것은 '학생'입니다.

3. 수업연구는 교과서의 내용을 취사선택하는 것에서부터 시작하면 됩니다.

→ 내 수업디자인의 출발은 수업자존감, 학생, 교과서입니다.

3.
[3단계] 수업기록
- 수업은 수업노트로 기록하라

　　필자는 교사 시절에 하루 1~2과목씩 매일 수업의 흐름을 공책에
기록했습니다. 특별한 형식 없이 수업의 주요 내용과 학생들에게 제
시하고 싶은 주요 질문 몇 가지로 요약했습니다. 만약 누가 나에게
의무적으로 교재연구록을 쓰라고 시켰다면 절대로 하지 않았을 겁니
다. 그저 수업하다 보니 놓치는 부분들이 많아서 쓰기 시작했고, 내
가 어느 부분을 강조해야 할지를 미리 정리하다 보니 일단 수업시간
에 당당해지더군요. 수업준비가 안 된 날은 수업시간도 지루하고 짜
증도 나고, 자신감도 사라졌습니다. 그래서 당당한 교사로 서기 위해
서는 사전교재 연구가 필수라는 것을 경험으로 배웠습니다.

교시	교과	지도내용	준비물
1 ② 3	재량 체육 사회	· 측정만족도 조사 (컴퓨터실) [project] 1. 사건별 모둠만들기 2. 모둠별 조사한 내용 토의하기 (15분) 병인양요 / 신미양요 / 강화도조약 / 을사대협 1. / 을사대협 2 프랑스-강화도 / ·미기 / 부산 / 고종 / 사대매국 (1866) 점령 / 강화도 / 인천 / 인비(병신양녁) / 헤이그밀사 -영종도 / / 을산 / / / / 1876 / / 토의내용 : 내가 알게 된 내용. — 이 사건에 대한 나의 의견. — 원인, 결과 보다 왜 일어났을까? 어떤 결과 영향을 미쳤을까?	
		3. 사건별 신문 만들기 — 만든 사람 — 중요내용 — 사진 — 각자의 의견 4. 질문과 발표 시간. — 발표할 때도 자기가 충분히 이해한 내용을 발표듯이 발표할 것 (★) ? 병인양요a 신미양요 뒤의 1득 강화도를 설령 했는가? 프랑스와 비교. 독일인의 오페르트 도출 사건.	인터넷 자료 사용의 유의점 개별내용이 충실할 것

앞은 제가 10년 전에 기록했던 수업노트입니다. 양식이라고 할 것도 없을 정도로 어설프긴 하지만 매일의 수업 핵심활동을 놓치지 않기 위해 마련한 자구책입니다. 이런 기록들이 수업 방향성을 잃지 않도록 하는 중심축 역할을 한 것 같습니다. 최근 당시의 어설픔을 조금 다듬어 '수업노트'로 만들었습니다. 수업연구에서 생각해야 할 요소들을 간략히 정리하는 틀이므로 절대적인 양식은 아니고, 분량도 A4 반쪽 정도로 간단합니다. 매일 쓰는 수업노트를 길게 쓸 수는 없습니다. 하루에 한 과목씩 계속 쓰다 보면 자신의 수업스타일을 발견하게 됩니다. 필자의 수업스타일은 주로 일상적인 스토리텔링으로 시작해서 개인활동과 모둠활동, 그리고 마지막에는 반드시 배운 것을 자기 언어로 기록하게 하는 형태였습니다. 그리고 모둠활동에 앞서 반드시 개인활동을 하도록 했습니다. 무임승차를 막기 위한 방책이었지요. 주로 경험한 것과 먹는 이야기로 스토리텔링을 했는데, 고백하자면 학생들의 흥미를 위해 만들어낸 이야기도 많았습니다. 딱딱한 수학 개념도 부드럽게 시작하는 것이 수업과의 거리를 줄이는 방법이라고 생각합니다.

수업노트에서 가장 중요한 것은 선생님이 내일 가르칠 내용의 흐름도를 미리 잡는 것입니다. 수업주제에서 가장 중요한 개념이 무엇인지, 그 개념과 관련된 지식이 무엇인지, 그 지식을 가르치기 위해 학생들에게 어떤 질문으로 시작해야 하는지 등을 요점 정리식으로 기술하는 것이죠.

다음은 '을사늑약'이라는 수업주제를 가지고 수업노트를 작성한 것입니다.

수업노트 양식 예시

1. 일시	0000.00.00.
2. 교과(사회)	수업주제: 을사늑약
3. 핵심개념	학생들이 알아야 할 개념과 용어 예> 을사늑약, 고종, 을사오적
4. 핵심지식	1) 을사오적은 을사늑약을 주도한 한국인 5명이다. (이완용 등) 2) 을사늑약은 일본이 강제로 체결한 것이다.
5. 핵심질문	학생들이 본 수업에서 해결해야 할 과제를 중심으로 질문 형식으로 기술 예> 내가 을사늑약 때 백성이라면 무엇을 했을까?
6. 수업구조	1) '친구' 개념을 예로 들어 늑약과 조약의 차이 구분하기 2) 을사늑약을 둘러싼 상황을 마인드맵으로 그리기 - 전체학습(칠판) 3) 을사늑약 당시의 사람들은 어떤 마음이었을까? 인물별로 모둠 만들기 　- 정치인, 군인, 백성, 고종이 되어 한마디씩 하기 4) 내가 당시의 백성(군인, 정치인, 고종)이라면 무엇을 했을까요? 　- 용기 있는 의병, 겁에 질린 백성 등
7. 정리, 평가 등	1) 오늘 알게 된 사실과 느낀 점 2가지를 공책에 쓰기

수업주제에 해당하는 부분의 교과서와 지도서를 훑어보고, 핵심 개념을 2~3개 선정합니다. 을사늑약과 관련해서 을사늑약이 무엇인지, 고종이 누구인지, 을사오적이라는 것이 무엇인지 정도는 알아야 할 것 같아 3가지로 정했습니다.

이 개념과 연계하여 학생들이 기억해야 할 지식을 문장으로 1~2개 적습니다. 그리고 역사적 사실을 과거의 일로 단절 짓지 않고, 주체적인 입장이 생길 수 있게 하는 핵심질문을 만들었습니다. 수업구조는 굵직한 요소 몇 가지로만 전체적인 흐름을 잡았습니다. 이런 수업노트는 수업을 디자인하는 데 마중물로 사용하면 됩니다. 만약 이런 형식의 수업노트가 불편하다면 자유형식으로 메모해도 됩니다. 수업노트의 목적은 하루하루 쌓이는 나의 수업연구를 기록하여 수업을 반추할 수 있는 자료로 활용하는 것, 그 이상도 이하도 아닙니다.

선생님들에게 '지도안 작성'은 곧 공개수업을 의미할 때가 많습니다. 연례행사처럼 하다 보니 지도안을 작성한다는 것 자체가 부담스럽고, 학교를 옮길 때마다 요구하는 특정 양식이 불편하기도 합니다. 사실 지도안을 잘 작성했다고 수업을 잘하는 것도 아니고, 이런저런 형식을 요구하는 것이 귀찮기도 합니다. 귀찮은 것이 당연합니다. 꼭 필요한 것이라면 시간을 들여도 아깝지 않지만 별로 도움도 안 되는 지도안을 작성하느라 귀한 시간을 써야 한다면 짜증 나는 것이 맞습니다. 오히려 짜증이 난다는 것은 문제의식이 있다는 것이므로 무조건 시키는 대로 다 하는 순응형보다 발전적이기도 합니다.

참 불합리한 지도안 양식들이 많습니다. 일단 그 절차가 매우 거창합니다. 예를 들면, '교육과정 분석→핵심역량→학년교육과정과의 연계→교육과정 문해력 적용 수업설계 방향→배움중심 수업 설계→단원 수업의 흐름' 등으로 구분된 나름 최신형이라고 주장하는 혁신학교 지도안을 보았습니다. 얼핏 봐도 교사가 한 시간 수업을 위해 작성해야 하는 지도안이 마치 학년교육과정을 구성하는 것 같은 무게가 느껴졌습니다. 이런 지도안을 작성하려면 혼자서는 무리입니다. 채워야 할 칸들이 너무 많으니까요. 그래서 인터넷을 서핑하게 되고, 그 결과 여기저기서 편집한 말들이 나의 수업지도안에 나열됩니다. 슬프게도 수업 본차시 앞에 등장하는 이런저런 절차적 문구에는 아무도 관심이 없습니다.

지도안은 수업의 중요한 플랫폼을 미리 설정해보도록 도와주는 역할을 할 뿐입니다. 그러니 제발 과도한 양식이나 복잡한 절차로 수업지도안을 요구하지 말았으면 좋겠습니다. 수업을 참관하는 사람들을 위해 수업지도안을 성의있게 작성해야 한다는 인식은 버려야 합니다. 수업은 참관하는 사람을 위해서 하는 것이 아니라 내가 일상적으로 우리 반 학생들과 '늘 하는' 학습의 과정입니다.

참관하는 사람들을 위해 지도안을 길게 작성하는 것은 배려가 아닙니다. 수업자에게 이런 터무니없는 배려를 요구하지 말아야 합니다. 수업을 공개한다는 것 자체가 이미 타인과 함께하는 나눔입니다. 수업참관을 예의 있고 진지하게 하는 것이 수업자에 대한 배려입니다. 만약 수업계획안 작성이 누구를 위한 형식이 아니라 내 수업의 흐름을 정리하는 것이라면 좀 더 가벼운 마음으로 할 수 있지 않을까요? 거대한 정책 용어들 말고 내 수업에 필요한 사항을 요약한 것이라면 나름의 존재감이 있지 않을까요?

 정리 콕콕! 생각 콕콕!

선생님은 위와 비슷한 고민을 한 적이 있으신가요?

1.

2.

필자는 이렇게 생각합니다

1. 수업노트는 수업디자인의 마중물입니다.

2. 수업노트에 수업의 전체 흐름을 기록하면 이것이 곧 수업디자인이 됩니다.

→ 수업노트는 수업의 방향성을 잡아주는 중심축 역할을 합니다.

4.
[4단계] 교육과정재구성 - 수업을 실천하라

2월 말이 되면 새 학년 워크숍을 1~2주간 운영합니다. 이때 가장 중요한 과업은 새로운 동학년 선생님들을 만나 새 교과서를 살피고, 주요 주제를 골라 교육과정을 재구성하는 일입니다. 그런데 새로 전입한 교사의 시큰둥한 모습이 눈에 띄었습니다. 나중에 이유를 물어보니 어차피 2월에 만드는 교육과정재구성은 부장교사가 문서로 작성하여 기일 안에 제출하면 되는 것이고, 실제로 수업할 것도 아니라서 크게 애쓰고 싶지 않다고 대답했습니다.

냉소적인 대답에 할 말을 잃었습니다. 그 선생님이 특별히 태만해서일까요? 다른 선생님들도 속으로는 그렇게 생각하는지 알 길이 없지만, 그런 양가적인 경험들이 교사들에게 학습되었다는 사실이 씁쓸합니다.

결론부터 말하자면, 수업으로 실천되지 않는 교육과정재구성은 하지 말아야 합니다. 이제 문서로 만들 뿐인 교육과정재구성은 그만 합시다. 지도서를 요점 정리하는 수준으로 문서를 만든 후 교육과정 재구성이라는 타이틀을 달아서도 곤란합니다. 강요된 교육과정재구성 문서는 수업으로 실천되기 어렵습니다. 교사들이 필요성을 공감하고, 머리를 맞대고 고민했을 때 교육과정재구성의 생명력은 불씨를 키워갑니다. 불씨를 살리려고 애착을 갖고 이리저리 궁리해야 온기를 발할 수 있습니다. 동학년 교사들이 교과서를 펼쳐놓고 '올해 이 것만은 확실하게 가르쳐 보자'라는 의기투합으로 계획한 교육과정재구성은 처음에는 좀 어설프더라도 덧붙이고 고치는 과정을 통해 완성도를 높혀갑니다. 2월에 완성본을 제출하라고 하는 게 문제입니다. 어떤 문서든 만들지 못할 것은 없습니다. 그 문서를 실천하는 것이 어려운 것이지요.

　　어느 유명한 혁신학교의 주제 중심 교육과정재구성을 따라 하라고 권하고 싶지 않습니다. 아무리 멋진 옷도 남의 옷이 내 몸에 딱 맞을 수는 없으니까요. 아무리 훌륭한 교육과정재구성도 모방으로 배울 수는 있지만 그대로 답습해야 하는 것은 아닙니다. 내가 할 수 있는 수준에서, 우리 학년 학생들이 할 만한 주제로 소박하게 시작하기를 권합니다. 거대한 프로젝트를 만들려고 기대한다면 완성이 힘들어집니다. 과하면 지칩니다. 할 수 있는 만큼 계획하는 것도 중요한 역량입니다. 지속할 수 없는 것은 의미가 없습니다. 재구성 계획이 장황하고 형식적일 필요도 없습니다. 한 학기 교육과정재구성 계획으로 2~3쪽이면 충분합니다.

필자는 교육과정재구성에 진절머리를 내는 선생님들을 많이 보았습니다. 그래서 재구성 계획을 어떤 과정으로 해야 하는지, 어떤 내용을 담아야 하는지 고심한 끝에 다음과 같은 틀을 만들어보았습니다. 얼핏 보고 다른 책에서 소개하는 교육과정재구성 순서와 비슷하다고 생각할 분들을 위해 천천히 곱씹어서 읽어주기를 부탁합니다. 다른 책을 흉내 내거나 모방하지 않았습니다. 여기에 제시하는 절차는 실천적 지식과 경험에 바탕을 둔 것입니다. 이렇게 만든 이유는 선생님들이 교육과정재구성을 막연하게 생각하지 않고, 누구나 접근하기 쉽고, 쉽게 이해할 수 있도록 하기 위해서입니다. 교육과정재구성을 하기 전에 먼저 동학년이 교과서를 함께 훑어보는 것이 선행 과제입니다. 문서의 각 단계를 좀 더 자세히 설명해보겠습니다. 이와 관련한 교육과정재구성 계획 전체 내용은 3장 마지막 부분에 첨부하겠습니다.

첫째, 대주제 정하기

교과서를 살펴보고, 교과 간 통합활동을 할 수 있는 학습 대주제를 선정합니다. 학년 수준을 고려하여 고학년이라면 인권이나 환경, 역사 등으로 확대할 수 있습니다. 다만 대주제를 정할 때 훈육적인 결론이나 부정적인 용어보다는 긍정적인 도전 정신을 불러일으킬 수 있는 표현이 좋습니다. 예를 들면, '지구 구하기'라는 주제 속에는 지구가 처한 암울하고 비관적인 분위기가 느껴집니다. 학습의 출발을 우울하고 어둡게 하는 것보다는 긍정적인 에너지를 모으는 것이 더 역동적일 수 있습니다. 주제를 '내가 살고 있는 지구촌, 어떻게 가꾸어갈까?'로 한다면 지구촌에 사는 한 사람으로서 주체적인 입장에서 지구적 문제에 접근하게 될 것입니다.

이 단계에서 가장 중요한 것은 동학년 선생님들이 함께 차분하게 교과서를 훑어보고, 올해 우리 학년은 어떤 주제에 집중하고 싶은지를 공유하는 것입니다. 교육과정재구성이 반드시 2월 말에 제출해야만 하는 과제가 되는 순간 교사들에게는 실천해야 할 교육과정이 아니라 문서 만들기로 전락합니다. 교육과정재구성은 수업으로 전개될 상황을 예측하고 미리 상상함으로써 교사들의 수업근력을 키워줍니다. 문서 제출로 끝나는 교육과정재구성에 이런 근력이 생길 리가 없습니다.

둘째, 관련 교과 및 성취기준 선정하기

성취기준은 교육부가 교과별로, 학년군별로 구체적으로 제시해주니 편합니다. 이 친절함 때문에 선생님들은 성취기준을 수정하는 것에 익숙하지 않습니다. 전문가들이 잘 만들었을 것이라는 신뢰감이 오히려 교육과정 안에 안주하게 만듭니다. 성취기준은 절대적인 기준이 아닙니다. 생명의 소중함을 배우기 위해 전국의 3학년 학생들이 똑같이 배추흰나비를 키우지 않아도 됩니다. 지역 환경과 학생들의 학력 여건에 따라 적절하게 수정할 수 있어야 그것이 재구성입니다. 꼭 교과서보다 복잡하고 높은 수준으로 만들어야 재구성이 되는 것은 아닙니다. 우리 반 학생들이 교과서 내용을 어려워한다면 성취기준을 낮추어 재구성해야 할 것입니다. 아직도 교육과정재구성에 대한 허상을 갖고, 수업으로 실천하기 어려울 정도로 복잡하게 교육과정재구성을 계획하는 학교들을 보면 선생님들의 노고가 아깝게 여겨집니다.

셋째, 핵심개념 추출하기

대주제를 정하고, 관련 교과와 단원을 선정했다면 이번에는 그와 관련된 구체적인 핵심개념을 추출할 차례입니다. 왜냐하면 여러 교과를 융합적으로 편성할 때 자칫 특정 교과에 쏠림 현상이 발생하거나 필수적으로 가르쳐야 할 내용을 누락시키는 경우가 있기 때문입니다. 그런 실수를 막기 위해 해당 교과별로 학생들이 꼭 알아야 하는 중요한 개념을 핵심개념으로 정리하면 한눈에 관련된 개념들의 흐름을 볼 수 있어 수업을 기획하는 데 도움이 됩니다.

3부 마지막 첨부 자료에서 보듯이 교과별 핵심개념으로는 과학과의 '동물'에서 시작해 체육과의 '움직임'까지 볼 수 있습니다. 교과별로 핵심개념을 명시해두면 수업을 긴 호흡으로 이어갈 때 방향성을 잃지 않게 해주는 등대 같은 역할을 합니다.

넷째, 수업자 의도

수업자의 의도는 교육과정재구성뿐만 아니라 일상의 수업에서도 매우 중요한 축이 됩니다. 교사가 이 수업에서 무엇을 가르치고 싶은지, 이 수업의 결과로 학생들이 어떤 지식과 태도를 익히고 어떻게 성장해 나가기를 바라는지가 명확하다면 수업의 방향이 일관성 있게 유지될 수 있을 것입니다. 다만 수업자의 의도를, 교사용 지도서나 인터넷 자료를 흉내 내어 너무 멋진 용어로 포장하려고 애쓰지 않았으면 좋겠습니다. '나의 언어'로 '나의 목소리'를 담아내기를 권합니다. 형식적인 용어로 수업에 대한 내 마음이 묻히지 않도록 말입니다.

다섯째, 주제와 관련된 주요 지식

앞에서 기술한 핵심개념을 교과지식과 관련지어 좀 더 구체적으로 기술하는 부분입니다. 예를 들면, 과학 단원의 핵심개념은 한살이, 애벌레 등이었습니다. 이것을 과학 지식으로 정리하여, '나비의 한살이는 알→애벌레→번데기→어른벌레로 성장합니다. 동물의 성장에는 완전탈바꿈과 불완전탈바꿈이 있습니다'처럼 각 교과별로 학생들이 이 수업을 한 후 학습의 결과로서 습득해야 할 지식을 정리해 교사가 미리 큰 그림을 그린 다음 수업설계에 들어가는 것입니다. 핵심개념이 하나의 단어로 기술되었다면, 주제와 관련한 주요 지식은 핵심개념을 포함하여 문장으로 기술합니다.

여섯째, 수업 세부계획

전체 수업시수를 수업주제에 맞게 기획하는 단계입니다. 이때 주의할 점은 수업의 흐름이 단절되지 않아야 합니다. 수업의 전체 흐름을 교실에 게시하여 각각의 수업이 전체 프로젝트의 어디쯤 있는지 학생들이 이해하는 것이 중요합니다. 교사만 알고, 교사가 일방적으로 진행하는 프로젝트수업은 학생들을 또 다른 형태의 수동적인 학습자로 만듭니다. 30~40차시 동안 진행되는 프로젝트수업일 경우 교실 벽면에 전체 수업 흐름도를 게시하여 교사와 학생이 모두 수업의 흐름을 인지하는 과정이 필요합니다.

일곱째, 평가계획

평가는 수업과정 중 이루어지는 활동들을 기록하여 학생들의 학습상태를 검토하는 총체적인 과정입니다. 학생들의 점수를 산출하는 것이 목적이 아니라 학생들이 무엇을 아는지, 어떤 부분이 취약한지 교수자로서 점검하고 피드백하는 단계이기도 합니다. 우리는 수업하는 것에 비해 평가하고 피드백하는 시간이 상대적으로 빈약하고 야박합니다. 가르치고 난 이후의 책무성이 강화되어야 할 것입니다. 학기말에 몰아치는 수행평가로 학생들이 지치지 않도록 수업 안에 평가가 작은 덩어리로 함께 굴러가면 좋겠습니다.

여덟째, 운영상의 유의점

운영상의 유의점은 수업운영 시기, 교과 배열, 관련 참고도서 읽기, 이 수업 진행을 위해 필요한 준비물과 학습 방법 등을 미리 생각해서 수업운영을 원활하게 하는 것이 목적입니다. 다음은 이런 절차를 거쳐 구성한 교육과정재구성 계획안의 실제 사례입니다. 이 계획안의 종착지는 당연히 '수업'입니다. 여기서는 지면상 일부 내용만 제시했고, 상세계획안은 3장 마지막 부분에 부록으로 첨부했으니 참고하기 바랍니다.

교육과정재구성 계획안(3학년)

1. 대주제	생명이 뭐지?	
2. 관련 교과 및 성취기준	교과명, 단원	성취기준
	1) 과학 3. 동물의 한살이	〈229쪽 붙임 참조〉
	2) 도덕 6. 생명의 소중함	〈229쪽 붙임 참조〉
3. 핵심개념	1. 과학: 동물, 한살이, 사육상자, 알, 애벌레, 번데기, 어른벌레, 암컷, 수컷, 완전탈바꿈, 불완전탈바꿈	
4. 수업자의도 (학습과정 및 학습결과)	1. 배추흰나비를 교실에서 키워 봄으로써 그 변화과정을 관찰하게 한다.	
5. 주제와 관련된 주요 지식	1. 과학: 나비의 한살이는 약 한 달이며, 알→애벌레→번데기→어른벌레 순이다 2. 수학: 1cm=10mm, 1km=1000m, 1분=60초이다.	

	차시 (교과/단원)	수업주제	핵심개념	수업의 구조	비고
6. 수업 세부계획	1~2(도6)	무엇을 배울까?	생명		
	3(과3)	배추흰나비 관찰 계획 세우기	사육상자		
	4~5(수5)	배추흰나비 알과 애벌레 길이 어림하기	1mm		
	6(과3)	배추흰나비 알과 애벌레 특징 알기	알 애벌레		
	7(과3)	동물의 암수 알기	암컷 수컷		
	8~9(과3)	동물의 한살이 알기	한살이		
	10~18(수5)	동물이 이동한 거리와 시간 알기	1km		
			1초		
	19~28(국5)	내용 간추리기			
		중략			
	42(도6)	주제 정리하기			
7. 평가계획	1. 상시평가 :과학-(3단원) 배추흰나비 관찰일지 작성하기				
8. 운영상 유의점	1. 주제 '생명의 소중함' 학습을 위한 교과별 지도 시기 조정				

4학년 동료 선생님들과 교육과정재구성을 함께한 음악 기간제 선생님의 이야기에 여운이 남습니다. 기간제로 여러 학교에 다니며 해마다 교육과정재구성을 했지만, 동학년과 교과전담이 함께 교육과정을 재구성한 것은 10년 경력에 처음이라고 했습니다. 지금까지의 교육과정재구성은 동학년에서 교사별로 교과를 맡아서 지도서를 보고 대충 재구성할 내용을 문서로 제출하면 결재 후 보관하는 식으로 수업과는 전혀 연관되지 않았다고 토로했습니다. 선생님들도 이걸 왜

하는지 모르겠다고 불평했지만 그저 불평으로 끝났기 때문에 해마다 반복되었다고 했습니다. 처음으로 동학년에서 큰 주제를 정하고, 교과마다 관련된 단원과 주제를 찾고, 교과전담까지 연계시켜서 실제 수업으로 실천하는 것을 보고 재구성이 이런 것인지 처음 알았다고 합니다.

이제는 학교에서 눈속임식 문서를 그만 만들었으면 합니다. 언제까지 죽은 문서에 우리의 에너지를 담아야 할까요? 이 고리를 끊기 위해서라도 선생님의 용기가 필요합니다. 수업으로 실천할 것이 아니라면 교육과정재구성은 하지 않아도 됩니다.

정리 콕콕! 생각 콕콕!

선생님은 위와 비슷한 고민을 한 적이 있으신가요?

1.

2.

필자는 이렇게 생각합니다

1. 교육과정재구성은 반드시 교사의 자발적인 '필요성'과 '고민'이 수반되어야 합니다.
2. 교육과정재구성은 할 수 있는 만큼 계획하는 것이 중요합니다.
→ 교육과정재구성의 종착지는 문서로 남는 것이 아니라 수업으로 실천되는 것입니다.

5.
[5단계] 핵심질문
- 수업의 시작과 끝을 관통하는
질문을 준비하라

　필자가 핵심질문에 관심을 두게 된 것은 수업참관을 하다가 학생들의 표정을 관찰하면서부터였습니다. 교사가 배움문제나 학습목표를 제시해도 학생들의 표정은 심드렁했습니다. 교사가 칠판에 반듯하게 배움문제를 제시했지만 학생들에게 배우고 싶은 의욕을 불러일으키지는 못하는 것 같았습니다. 학생들은 관심도 없는데 교사는 왜 배움문제를 만들고 제시해야 할까요? 왜 그런 형식이 필요한지 이해하기 어렵습니다만 형식적인 절차를 떠나 배움문제나 학습목표가 학생들에게 배움에 대한 작은 호기심도 불러일으키지 못한다면 우리는 그 존재 자체에 대해 의문을 가져야 할 것입니다.

　배움문제는 학생들에게 배움의 촉매제 역할을 할 수 있을 때 존재할 이유가 있습니다. 아무런 역할을 하지 못한다면 수정이나 개선이 필요합니다. 지금까지 한 것이라서 또는 교육청에서 하라고 하니까 응당 해야 하는 것은 아닙니다. 불필요한 것을 제거하는 것이 혁신의 출발입니다. 배움문제를 둘러싼 이 불편함을 어떻게 최소화할 수 있을까 고민하다가 '핵심질문'을 고안했습니다. 혼동을 피하고자 먼저 일러두자면 여기서 말하는 '핵심질문'은 백워드 교육과정에서 말하는 '핵심질문'과는 좀 다릅니다. 그 차이점을 이 책에서 굳이 언급하지는 않겠습니다.

필자가 말하는 핵심질문이란 해당 수업의 시작과 끝을 관통하는 뼈대가 되는 질문입니다. '수업목표'가 교사의 용어라면 '핵심질문'은 학생들이 수업시간 내내 가지고 가야 하는 의문 같은 것입니다. 그러나 핵심질문을 반드시 수업 전에 칠판에 제시해야 하는 것은 아닙니다. 교사가 수업의 기획에서부터 수업 진행에 가장 주안점을 두는 핵심 사항이기 때문에 교사에 따라 칠판에 제시하기도 하고, 수업 마지막에 제시하기도 하고, 별도로 언급하지 않을 수도 있습니다.

교사의 수업전문성 향상을 조언하는 책을 보면 공통으로 효과적인 수업, 명확한 수업목표, 발문 전략, 평가문항 만들기 전략 등이 나옵니다. '전략' 강조가 많습니다. 일종의 매뉴얼처럼 단계가 정해져 있고, 이것이 효과적인 지름길이라고 안내합니다. 저는 수업에 가장 효율적인 전략이란 존재하지 않는다고 생각합니다. 각각 다른 학생들이 참여하고, 수업상황 또한 다르기 때문에 일률적인 수업전략을 적용하는 것은 무리가 있습니다.

'학습의 목표를 명확히 정하고 수업하면 효과적이다'라는 말은 매우 교사 중심적인 발상입니다. 교사는 수업의 목표를 분명하게 설정하고 수업해야 하지만, 교사가 설정한 수업목표가 학생들의 배움문제로 바로 전환되는 것은 곤란합니다. 몇 가지 사례를 들어보겠습니다. 지금부터는 학생 입장에서 수업을 받는 상황을 상상해주기 바랍니다.

예 1) 다음은 5학년 수학 수업에서 제시한 학습목표와 배움문제입니다. 두 교사가 서로 다르게 제시했으나 내용으로 보면 같다고 볼 수 있습니다.

> 학습목표: 직육면체의 전개도의 뜻을 알고, 전개도를 그리는 방법을 이해할 수 있다.
> 배움문제: 직육면체의 전개도의 뜻을 알고, 전개도를 그리는 방법을 알아보자.

위쪽의 학습목표는 누가 봐도 내용이 명확하고, 해야 할 학습활동이 분명하게 제시되어 있습니다. 학습목표를 배움문제로 진술해도 내용은 유사합니다. 종결형 어미를 '~ 해보자, 알아봅시다' 형태로 수정할 뿐입니다. 그런데 이 학습목표는 수업하는 교사가 인지해야 할 수업의 목표입니다. 수업의 방향성을 잃지 않도록 일관되게 갖고 있어야 할 수업축이지요. 이 학습목표를 읽고 '그래, 이번 시간에는 직육면체의 전개도를 꼭 열심히 공부할 거야'라고 각오하는 학생이 있다면 얼마나 수업하기 좋겠습니까! 불행히도 학생들은 그리 쉽게 배움의 순간으로 몰입되지 않습니다. 오히려 배움에서 아주 멀리 떨어져 있는 학생들이 많아지는 것이 최근의 현실입니다.

이런 교수용어를 학생들에게 그대로 전달하는 것은 학습을 더 지루하게 만드는 요인이라고 봅니다. 교사는 이미 수업의 최종 목표를 제시했고, 학생들을 목표지점까지 끌고 가는 상황입니다. 교사가 설정한 모드에 따라 수업이 진행됩니다. 여기서 교육학 이론과 교육 정책적 입장에서 수업상황을 해석하고 싶지는 않습니다. 다만 수업 도입단계에서 학생들이 몰입할 수 있도록 하는 것이 화두입니다. 그래서 비형식적이지만, 수업결과가 분명하게 나타나는 학습목표, 또는 배우고 싶은 마음이 전혀 생기지 않는 배움문제 대신 생활 주변에 있는 직육면체 종이상자를 보여주면서 다음과 같은 질문으로 수업을 시작해볼까 합니다.

핵심질문: 이 상자를 펼치면 어떤 모양이 될까요?

물론 교육학의 이론적 관점에서 본다면 수업목표로 부적합하겠지만, 학생들에게 필요한 것은 명확한 수업목표가 아니라 수업에 최소한의 관심을 두고 수업 안으로 들어서는 것이라 보기 때문에 이론적으로 맞느냐 맞지 않느냐를 검증하고 싶지는 않습니다. 지금까지 우리는 충분히 이론에 대한 예우를 다했다고 봅니다. 이제는 이론대로 가르치는 것이 아니라 내 눈앞에 있는 학생들을 보면서 실천적인 지식을 이론으로 정립해야 할 때입니다.

이 수업에서 중요한 것은 학생들이 직육면체에 관심을 보이고, 이 것을 펼쳤을 때 어떤 모양이 될지 상상하고, 실제로 펼쳐본 후 나올 수 있는 여러 가지 경우를 알게 하는 것입니다. 배움문제나 성취기준 이라는 용어는 교사가 인지해야 할 사항일 뿐이며, 실제 수업시간에 는 그런 것들이 학생의 언어로 녹아들어 재탄생되어야 합니다. 그 런데 많은 교수용어와 수업목표들이 학습목표와 배움문제로 그대로 제시되는 경우가 많습니다. 예를 들면 '전개도'라는 용어는 학생들이 쉽게 이해할 수 있는 용어가 아닙니다. 일상적으로 사용하는 단어도 아닌데 군이 수업의 도입단계에서 제시해 학생들이 심리적 거리감을 느끼도록 할 필요는 없습니다. 직육면체를 펼쳤을 때 '이것을 도형의 전개도라고 한다'라고 수업을 정리하는 단계에서 언급해도 충분하니 까요.

가끔 교과서 개념이 매우 어렵고 고압적으로 제시되는 경우가 있 습니다. 알고 보면 별거 아닌 개념이 두괄식 형태로 수업 초기에 제 시되어 학생들을 위축시키곤 하지요. 4학년 사회과 경제 단원 1차시 에 '희소성'이라는 용어가 나옵니다. 4학년 학생들이 생산과 소비의 흐름을 배우는 첫 시간부터 군이 생소하고 이해하기 힘든 '희소성'이 라는 단어를 제시하여 '사회는 어렵고 지루하다'라는 느낌이 들도록 하는 이유를 모르겠습니다. 경제학 전공자들이 교과서에서 자기 영 역을 확실하게 하고 싶었던 것일까요?

수업을 좀 소박하게 접근했으면 좋겠습니다. 학생들이 수업에서 멀어지는 것을 막아야 하는데 자꾸 원론적이고 뜬구름 잡는 거대담론만 이야기하다 보니, 그 사이 학생들의 눈빛은 점점 더 초점을 잃어갑니다. 핵심질문의 가장 중요한 의미는 배움의 순간에 있는 학생들에게 생각할 거리를 제공함으로써 배움에 도전적으로 접근하게 만드는 것입니다. 핵심질문의 구체적인 사례들을 더 들어보겠습니다.

예 2) 6학년 수학 학습주제: 백분율

> **학습문제: 백분율이 사용되는 경우를 알아보자.**

수학은 학교급을 막론하고 학력 편차가 가장 심한 과목입니다. 학생 대부분은 수학을 어려워하고 싫어합니다. '백분율'이라는 용어도 어렵지만, 학생 입장에서 스스로 무엇인가를 알아보고 탐구하고 싶은 마음을 갖기란 쉽지 않습니다. 물론 교사 입장에서 이번 수업의 목표는 학생들이 백분율을 알게 하는 것입니다. 그렇다고 교사의 목표를 그대로 학생들에게 진술해야 하는 것은 아닙니다. 학년이 올라갈수록 가장 꺼리는 과목이 수학이고, 교과부진이 가장 많은 것도 수학이니 우리나라 수학 학계의 고민이 더 필요하다 싶습니다.

백분율이 사용되는 경우를 알아보기 전에, 학생들에게 생활 속에서 백분율이 왜 필요한지 느끼게 하는 것이 선행되어야 합니다. 교과서에 있는 원론적인 단어를 가르치는 것보다 이 지식을 아는 것이 나에게 어떤 도움이 되는지 체감할 수 있을 때 학습동기가 생기니까요. 물론 모든 지식이 실생활에 당장 활용되는 것은 아니지만 사고를 확장하는 데는 긍정적인 역할을 합니다. 그래서 교과서의 백분율 학습문제를 다음과 같은 핵심질문으로 바꾸어 진술했습니다.

핵심질문: 우리는 얼마나 할인받을 수 있을까?

수요일 피자 30% 할인, 학생 스마트폰 40% 할인 등 학생들이 관심을 가질 만한 전단지를 보여주며, 수요일에 우리가 피자를 사 먹으면 얼마나 할인받을 수 있는지 알아보자는 말로 수업을 시작합니다. 특별히 어려운 용어나 유튜브 영상 없이도 수업을 편안하게 시작할 수 있습니다. 학생들에게 피자 할인율을 제시하여, 내가 할인율을 계산할 수 있어야 피자를 싸게 먹을 수 있다는 도전 정신을 끌어내는 거죠. 인터넷 자료를 검색하지 않아도 동네 슈퍼에 있는 전단지 몇 장이면 이런 동기유발이 가능합니다. 억지스럽지 않게 시작하는 수업이 편안합니다.

예 3) 5학년 사회 학습주제: 환경

학습문제: 환경이란 무엇인지 알아봅시다.

학생들은 '~ 알아보자'라고 하면 굳이 내가 알아보지 않아도 선생님이나 공부를 잘하는 친구들이 알아보리라 생각합니다. 수업에서 한발 뒤로 물러서는 핑계를 만들죠. 내가 안 해도 어차피 시간은 지나고 수업은 끝나니까요. 학생들이 수업시간에 주변인이 되지 않도록 하려면 핵심질문에 학생들 각자의 주체적인 입장을 나타내는 '나'라는 주어를 사용하면 도움이 됩니다. 학습의 중심을 '나'에게 둠으로써 학습의 책무성을 느끼게 하는 효과가 있습니다. 막연하게 '남의 환경'이 아니라 '나'를 둘러싼 환경을 알아보는 것이기 때문에 수업에 한발 더 가까워집니다. 남의 환경이라면 몰라도 되지만, 나를 둘러싼 환경이라면 생각해봐야 한다고 느끼게 됩니다. 그래서 핵심질문을 다음과 같이 만들었습니다.

핵심질문: 나를 둘러싼 환경에는 어떤 것이 있을까?

물론 핵심질문이 만능해결사는 아닙니다. 수업에서 멀리 도망가 있는 학생들을 한꺼번에 바짝 다가서도록 하지는 못하겠지만, 나를 둘러싼 문제에서부터 배움을 시작하도록 유도하는 효과는 있는 것 같습니다.

예 4) 3학년 수학 학습주제: 분수

학습문제: 등분할을 통하여 분수를 이해하고 분수로 나타내보자.

3학년 학생들이 분수의 개념을 이해하고, 분수로 나타내는 것은 어렵습니다. 특히 1/3이라는 분수를 보고 그 의미를 정확히 도출하기는 정말 쉽지 않습니다. 의외로 1/3이 의미하는 것을 정확하게 이해하지 못한 채 알고리즘 위주로 선행학습을 하는 학생들이 많습니다. 문제풀이 과정을 모른 채 풀이방식만 연습하는 것은 수학학습에 큰 걸림돌입니다. 선생님이 수학 시간에 "분수 공부를 합시다"라고 말하면 학생들은 벌써부터 지루해합니다. 그런데 선생님이 "오늘 급식시간에 맛있는 파이가 남았는데, 내가 이 파이를 얼마나 먹을 수 있을지 생각해보자"라고 한다면 학생들은 이리저리 머리를 굴리기 시작할 것입니다. 그래서 핵심질문을 다음과 같이 만들었습니다.

핵심질문: 나는 급식시간에 남은 파이를 얼마나 먹을 수 있을까요?

핵심질문이 교육학 이론에 비추어 적합한지 아닌지는 모르겠습니다. 다만 필자가 수많은 교육학 이론을 적용해 수업해본 결과 이론처럼 학습효과가 없거나, 학생들이 집중하지는 않았던 경험이 있습니다. 수많은 수업모형이나 수업이론은 방해요인이 없고 학습의욕이 충만한 학생들만 대상으로 하는 것 같다는 느낌입니다. 내가 직면한 우리 반 학생들은 공부하기 싫어하고 지루해하는 학생들인데 말입니다.

외국 사람들이 만든 교육학 이론을 내가 그대로 적용하고 따를 이유는 없다는 생각이 듭니다. 내가 수업을 고민하는 이유는 나의 학생들과 교사인 내가 수업에 몰입하기 위해서지 남의 이론을 지지하고 그 이론을 증명하기 위해서가 아니니까요. 설사 교육학 이론에 맞지 않더라도 학생들을 수업 안으로 끌어들이고, 조금이라도 더 생각하게 만들 수만 있다면 거칠게라도 기꺼이 시도하고자 합니다.

핵심질문, 어떻게 만들까?

첫째, 위의 예시에서 알 수 있듯이 핵심질문의 기본은 학생을 학습의 주체로 삼는 것입니다. 특별한 전략이나 방법은 없습니다. 다만 수업주제를 학생 입장에서 생각해보는 것이 출발점입니다. 수업에 별 관심이 없는 학생들을 수업 안으로 끌어들이는 문제의식 심어주기형 질문이라고 이해해도 무방합니다. 그러나 이 질문은 분절적인 단순 질문이 아니라 이번 수업에서 학생들이 배워야 할 지식과 관련되어 있어야 합니다. 대부분의 학습문제는 배움의 출발선에 서 있는 것이 아니라 배움의 도착점에 가 있습니다. 학습문제든 배움문제든 '~을 알아보자, ~을 실천해보자, ~을 사용해보자, ~를 조사해보자' 등의 용어가 학생들에게 신선하게 느껴지지는 않을 겁니다. 날마다 매시간 알아보자고 외치는데 학생들은 점점 앎에 흥미를 잃어가니 참 아이러니합니다.

예를 들면 5학년 국어 학습에 '말이 미치는 영향을 알아보자'라는 주제가 있습니다. 이런 식의 기술이 바로 전형적인 교사 용어입니다. 학생 입장에서 보면 말이 미치는 영향 따위에 일단 관심이 없습니다. 관심도 없는데 학습에 몰입한다는 것은 어불성설입니다. 말이 미치는 영향을 가르쳐야 하는 것은 교사의 입장입니다. 이 시간에 학생들이 생각하고 배워야 하는 것은 내가 내뱉는 말이 다른 사람에게 용기를 줄 수도 있고, 상처를 줄 수도 있다는 점을 알고 언어습관을 바르게 갖는 것입니다. 이것을 구구절절 교사가 설명한다면 지루한 훈화일 뿐입니다. 학생들이 자기의 언어습관을 생각하게 하는 질문을 역지사지의 입장에서 핵심질문으로 만들면 다음과 같습니다.

> **학습문제:** 말이 미치는 영향을 알아보자.
> **핵심질문:** 나는 어떤 말을 친구에게 듣고 싶나요?

둘째, 핵심질문은 학습의 결과를 묻는 질문이 아니라 학습요소에 대해 탐구심을 자극하는 질문입니다. 수업이 끝날 때까지 안고 가야 할 질문이기도 합니다. 동기유발 단계에서 한 번 묻고 끝나는 질문이 아닙니다. 수업을 관통하는 것이니까요. 우리가 알고 있는 수업목표 진술의 원칙에서 본다면 맞지 않을지도 모릅니다.

4학년 미술에 '도자기의 아름다움을 느끼고 생활에서 사용해보자'라는 수업이 있습니다. 요즘 학생들에게 도자기는 매우 낯선 물건입니다. 학생들이 주로 접하는 용기는 일회용품, 플라스틱류, 유리제품류이기 때문입니다. 학생 입장에서 보면 박물관에나 가야 볼 수 있는 도자기인데 도자기의 아름다움을 느끼라고 한다면 감정을 강요당하는 것입니다. 우리 교사들이 제시하는 학습문제가 매우 성급하다고 생각하지 않나요? 학생들에게 천천히 생각하고, 느낄 수 있는 시간을 주지도 않고 바로 아름다움을 느끼라고 소리칩니다. 도자기를 보고 아름다움을 느끼지 못하는 학생도 있을 겁니다. 그런 학생들에게 아름다움을 느끼라고 강요할 것이 아니라 도자기를 더 찬찬히 만져보고 바라볼 수 있는 시간을 주어야 합니다. 그래서 실물 도자기나 도자기 그림을 보고 내가 도자기를 산다면 어떤 도자기를 선택할지, 그 이유는 무엇인지를 말하게 함으로써 도자기에 대한 자기만의 생각을 갖게 할 수 있습니다.

> 학습문제: 도자기의 아름다움을 느끼고 생활에서 사용해보자.
> 핵심질문: 내가 도자기를 산다면 어떤 것을 살까요?

물음표를 붙인다고 핵심질문이 되는 것은 아닙니다. 예를 들면 3학년 국어 수업의 핵심질문을 보면 '나는 어떻게 살고 싶은가요?' 또는 '~를 할 수 있나요? 주인공은 삶의 이유를 찾았을까요?' 등이 질문형으로 제시되지만, 이것이 핵심질문은 아닙니다. 학생들에게 단답을 요구하는 질문이나 물으나 마나 한 거대질문은 학생들을 위한 핵심질문이 아닙니다. 제가 말한 핵심질문은 학생들이 수업 안으로 들어올 수 있는 궁금증을 만들어내는 단초입니다. 그 단초가 화려하거나 이론적이고 논리적이지 않을 수도 있습니다. 그러나 형식적으로 물음표만 붙여서 학생들에게 별 의미 없이 제시하는 것은 핵심질문이라고 할 수 없습니다.

정리 콕콕! 생각 콕콕!

선생님은 위와 비슷한 고민을 한 적이 있으신가요?

1.

2.

필자는 이렇게 생각합니다

1. 핵심질문이란 해당 수업의 시작과 끝을 관통하는 뼈대가 되는 질문입니다.

2. 핵심질문은 학생들이 수업시간 내내 가지고 가야 하는 의문 같은 것입니다.

→ 형식적인 배움문제가 아니라 학생들을 수업 안으로 끌어들이는 핵심질문이 필요
합니다.

6.
[6단계] 수업대화
– 생각과 질문이
꼬리에 꼬리를 물게 하라

우리가 교육받던 시간을 돌이켜보면 선생님의 질문이 나의 생각을 키우는 게 아니라 정답을 맞혀야 하는 긴장된 순간들이었던 걸로 기억합니다. 질문과 함께 연상되는 단어는 긴장, 초조, 불안, 정답 등입니다. 질문으로 뇌세포가 성장하는 게 아니라 뇌세포가 쪼그라드는 경험입니다. 교사가 하는 질문은 학생들의 사고와 표현력을 심화시키는 장치입니다. 수업시간에 이루어지는 교사의 질문과 학생의 대답, 학생과 학생 간의 토의, 발표 등 수업 중에 일어나는 모든 언어적 상호작용을 '수업대화'라고 부릅니다. 어떤 이들은 학습대화, 교실대화, 교수대화라고도 하지만 이 책에는 수업대화라는 용어로 부르겠습니다. (권경희 노미향, 2019, 『교육연극, 프로젝트 수업을 만나다』, 48~49쪽 참고)

『10대를 위한 빨간책』을 보면 수업시간에 선생님이 질문하는 이유는 학생들의 의견을 알고 싶어서가 아니라 학생 대부분이 수업을 따라오는지, 또는 교사들이 생각하는 것을 학생들이 제대로 이해했는지 확인하기 위한 행위라고 하더군요. 교실붕괴의 원인도 학생들이 불성실해서가 아니라 수업이 학생들에게 별로 의미가 없고, 지나치게 어렵거나 지겹기 때문이므로 교육정책을 만드는 정부와 학교의 책임이 크다고 했습니다. 의미도 재미도 없는 수업을 준비해 와서 학생들에게 강제로 듣게 하는 것은 '폭력적'이라고도 했습니다. (목수정 역, 2016, 『10대를 위한 빨간색』, 116~120쪽)

이 말이 충격적인 이유를 생각해보니 지금까지 학생들이 수업에 집중하지 못하는 것을 학생 탓이라고 당연하게 여겼기 때문인 것 같습니다. 교실붕괴의 책임이 전적으로 정부와 학교에 있다는 논리에 동의할 수는 없습니다만, 그 책임을 학생의 일탈과 버릇없음으로 간주하는 것도 사리에 맞는 일은 아닌 듯합니다. 학생들이 수업시간에 집중하지 못하는 데는 수십 가지 이유가 있을 것입니다. 이해력이 부족하거나 학업 자체에 흥미가 없어서 집중하지 못한다고 해도 학교가 그 학생들을 포기할 수는 없습니다. 학교는 수업에 집중하는 소수의 학생을 위해 존재하는 것이 아닙니다. 수업에 집중하지 못한다고 해서 삶의 역량이 부족한 열등생으로 간주해서도 안 됩니다. 어쩌면 현재의 학교 시스템이 그 학생들의 역량과 어울리지 못하기 때문일 수도 있습니다. 가능성을 열어두고 학생들을 바라보자는 얘기입니다.

수업참관을 하면서 선생님의 시선이 어디에 머무는지 유심히 본 적이 있습니다. PPT 자료, 교과서, 교구, 학습지, 학생들이었습니다. 많은 시간 학생들을 바라보는 것이 사실입니다. 선생님들은 질문하고 나서 주로 어떤 학생들을 쳐다볼까요? 전체를 쳐다본 다음 자연스럽게 질문에 대답할 수 있는 학생 쪽으로 시선이 갑니다. 정답이 나와야 다음 단계로 넘어갈 수 있으니 수업하는 선생님에게는 절실한 행위입니다. 우리는 학생들이 찬찬히 생각하고, 곱씹어 사고를 키우는 그런 질문을 하기보다는 빨리 정답이 나와서 수업을 진행하는 메커니즘에 익숙합니다.

이런 수업구조에서는 소외되는 학생들이 증가합니다. 선생님은 질문 후 "누가 발표해볼까요? 대답할 사람? 발표할 사람?"이라고 친절하게 존칭어를 쓰고 손까지 드는 제스처를 보이지만 실상은 매우 냉정한 말들입니다. 그 순간 선생님이 원하는 것은 질문에 답할 수 있는 학생으로 제한됩니다. 교사의 질문에 손을 들고 대답할 수 있는 학생은 이미 수업내용을 이해하고 수업에 집중하고 있는 학생들입니다. 그러나 어떤 수업이든 수업내용을 이해하지 못하고 수업에 집중하지도 못하는 학생들이 있기 마련입니다. 그 학생들은 선생님이 원하는 "발표할 사람?"에서 계속 제외됩니다. 그 '제외'가 지속되면 수업소외가 됩니다.

수업에 가장 위험한 사람은 산만한 학생이 아니라 아무것도 안 하고 조용히 있는 학생입니다. 교사의 시선을 방해하지 않기 때문에 유심히 바라보지 않으면 묻히기가 십상입니다. 학생들은 내 수업에서 정답을 말하기 위해 학습하는 것이 아니라 학습이 필요한 존재 그 자체입니다. 그래서 자세히 보아야 합니다.

질문, 궁금함을 담아야

선생님은 정말로 학생들의 의견이나 생각을 확인하고 싶을 때나 문제의식을 느끼도록 해야 할 때 질문해야 합니다. 즉 의례적이거나 형식적으로 묻는 것은 질문이 아닙니다. "누가 발표해볼까요?"는 건강하지 않은 질문입니다. 학생들의 생각을 궁금해하는 선생님의 진정성이 담겨야 합니다. 단순히 수업을 진행하기 위해 질문하는 것은 다분히 형식적입니다.

교사의 밀도 있는 질문은 교재연구를 해야 가능한 부분입니다. 사전에 학생들에게 '이런 것들을 물어봐야겠다'라는 준비가 필요하지요. 교재연구가 되어 있지 않으면 숙고형 질문을 할 수가 없습니다. 수업 천재는 없습니다. 수업은 묵묵히 시간을 써서 준비하는 우둔한 선생님만이 성숙하게 만들 수 있습니다. 발효음식의 공통점은 숙성되는 데 일정한 시간이 필요하다는 것입니다. 인위적으로 촉진제를 가하여 시간을 단축할 수는 있겠지만 자연숙성의 맛까지 담을 수는 없습니다. 이것이 순리입니다. 수업을 발효시키는 데도 시간이 필요합니다. 남의 지도안을 내려받아서 최소의 노력으로 수업시간을 채울 수는 있지만 '나의, 나를 위한, 우리 반 학생들에게 적합한' 수업은 아닙니다.

이런 대답은 왜?

학생들의 대답:

- 구름사다리에 올라가는 건 위험해요.
- 계단에서 친구를 밀면 안 돼요.
- 주차장은 위험하니까 거기서 놀면 안 돼요.
- 욕설을 사용하는 친구가 많아요.
- 복도에서 뛰지 않아요.
- 아무리 이상한 친구라도 왕따를 하면 안 돼요.

3학년 국어 수업에서 선생님의 질문에 학생들이 위와 같이 대답했습니다. 어떤 질문이기에 이런 대답을 했을까요? 구름사다리나 계단, 주차장, 복도가 나오는 것을 보니 학교 안 시설을 말하는 것일까요? 시설이라기엔 답변 내용이 모호하고, 답변 간에 일관성이 없습니다. 어떤 대답은 위험한 행동을 말하는 것 같기도 하고, 어떤 대답은 학교 시설을 안전하게 사용하는 방법을 말하는 것 같기도 하고, 어떤 대답은 바른 생활태도를 말하는 것 같기도 합니다.

왜 이렇게 학생들의 답변이 중구난방일까요? 선생님의 질문이 분명하지 않았기 때문에 수업대화의 역할을 다하지 못한 경우입니다. 수업대화란 비슷한 수준의 대답이 반복되는 것이 아니라 A1 수준에서 A2 수준으로, A3 수준으로 사고가 향상되도록 중간중간 선생님의 질문이 양념처럼 순발력 있게 들어가야 합니다. 학생들이 맥락 없이 제각각 대답하고 그 대답을 오므리지 못한다면 교사의 질문이 수업방향을 뒤흔드는 원인이 됩니다.

이쯤 되면 도대체 교사가 어떤 질문을 해서 학생들의 대답이 저런지 궁금하죠?

교사의 질문:
우리 학교의 문제점이 무엇인지 찾고, 어떻게 해야 하는지 자신의 의견을 발표해봅시다. 발표할 사람?

일단 질문이 명확하지 않다는 것이 문제입니다. 학생에 따라 우리 학교의 문제점이 시설이기도 하고, 계단 사용이기도 하고, 비속어 사용이기도 하고, 왕따 문제이기도 한 것은 당연합니다. 그래서 학생들의 대답에 학교의 온갖 문제들이 한꺼번에 다 튀어나오게 된 것이지요. 또 질문은 한 번에 한 가지만 해야 합니다. 초등학교 3학년 학생이라면 아직은 문제점을 찾고 의견까지 제시하는 것은 무리입니다. 문제점을 찾는 것과 의견을 제시하는 것은 별개입니다. 동시에 두 개의 질문을 생각해서 대답하는 것은 어른에게도 쉽지 않은 일이니까요. 이런 상황에서 의견을 제시할 자신이 없는 학생은 당연히 문제점조차 생각하지 못하는 경우가 대부분입니다. 교사의 질문이 학생들의 사고를 끌어내는 것이 아니라 사고할 기회 자체를 잘라버리는 것이지요.

교사가 이런 질문을 한 것은 교과서와 무관하지 않습니다. 교과서에 제시된 학습문제가 '우리 학교에 어떤 문제점이 있는지 생각해봅시다'였으니까요. 아무리 교과서에 제시된 학습문제라도 이런 학습문제는 이제 수업에서 걸러야 합니다. 이 학습문제는 학생들에게 우리 학교는 문제점투성이라는 이미지를 가정하고 시작하는 것입니다. 학생들에게 도전적인 문제의식을 심어주려면 학습문제를 부정적이거나 비관적인 언어로 시작하는 것은 피하는 것이 좋습니다. 이 수업을 "우리가 더 즐겁고 안전하게 생활하기 위해서 우리 학교가 고쳐야 할 점과 우리가 지켜야 할 것이 무엇인지 생각해봅시다"로 시작한다면 '더 나은 학교'를 머릿속에 그리며 수업할 수 있을 것입니다.

수렴적 질문 No? 확산적 질문 Yes?

선생님들은 수업마다 많은 질문을 합니다. 교육학 이론에서는 학생들의 사고력 증진을 위해 수렴적 질문은 줄이고 확산적 질문을 많이 하라고 합니다. 그런데 수업을 고민해본 선생님이라면 누구나 이 말이 실제 수업상황에 맞지 않다는 것을 알 것입니다. 뜬금없는 교사의 확산적 질문은 오히려 학생들을 당황하게 만들고 수업의 흐름을 차단하는 역효과가 있습니다.

예를 들어, 아주 은유적인 그림책을 읽고 나서 "이것이 의미하는 것이 무엇일까요?", "지은이가 의도한 것은 무엇일까요?"라고 질문한다면 학생 대부분은 대답하기 어렵습니다. 대단히 열려 있는 확산적 질문이지만 대답할 수 있는 학생이 극소수라면 좋은 질문이 아닙니다. 이 질문을 하기 위해서는 작은 새끼 질문들이 앞에 있어야 합니다. 이 이야기에 등장한 주인공이 누구인지, 어떤 사건들이 있었는지, 주인공이 왜 그렇게 행동했는지, 주인공에게 하고 싶은 말은 무엇인지, 잘게 잘게 나누어 수렴적 질문을 하고 난 후에야 확산적 질문이 가능합니다.

발문 전략이랍시고 수준 높은 발문을 하라고 하는 것은 좋은 교수법이라고 보기 힘듭니다. 학생들이 대답할 수 있는 단계에 적절한 질문을 하는 것이 가장 좋습니다. 수렴적 질문은 수준이 낮다거나 확산적 질문을 많이 해야 한다고 생각하지 않습니다. 우리 반 학생들이 내용 이해에 어려움이 있다면 단순하고 수렴적인 질문을 많이 해서 수업 안으로 끌어들이는 것이 중요합니다. 학급에서 2~3명만 대답할 수 있는 수준 높은 확산적 질문을 한다고 좋은 수업이 되는 것은 아니니까요. 질문에 불필요한 힘과 허세를 버려야 합니다. 질문이 내가 유능한 교사임을 보여주는 것은 아닙니다.

질문은 학생들을 생각하게 만들고, 그 생각 주머니의 부피가 점점 커지게 하는 것이 목적입니다. 이런 질문과 대답이 칡처럼 얽혀 수업대화가 됩니다. 수업대화는 한두 개의 질문으로 이루어지는 게 아니라 수업과 함께 흐르는 수맥 같은 존재입니다.

초등학교 1학년 국어 수업입니다. 학생들은 모두 교실 가운데 모여 있었고, 선생님은 낮은 의자에 앉아서 그림책을 읽어주었습니다. 다음은 선생님과 학생들이 주고받는 대화의 일부인데, 초등학교 1학년이라는 것을 떠올리고 읽어보세요.

선생님: (책을 읽어주다가 멈추고) 여러분도 동동이처럼 혼자 놀 때가 있지요?

학생들: 네/아니요, 동생이랑 놀아요/나는 맨날 혼자 놀아요.

선생님: 혼자 놀 때 기분이 어땠어요?

학생 1: 정말 싫었어요!

학생 2: 외톨이 같았어요.

학생 3: 혼자서도 재미있어요.

선생님: 그렇구나. 혼자 놀 때 싫었던 사람도 있고, 외로웠던 사람도 있고, 재미있었던 사람도 있었구나. 이것 말고 또 어떤 기분이 있었을까?

학생 4: 쓸쓸했어요.

선생님: 쓸쓸한 건 어떤 느낌인가요?

학생 5: 슬픈 느낌요.

선생님: (그림책 장면을 보여주며) 그럼 주인공 동동이는 지금 기분이 어떨 것 같아요?

학생 6: 심심할 거 같아요.

학생 7: 친구가 있으면 좋을 것 같아요.

선생님: 심심해하는 동동이에게 한마디 한다면 어떤 말을 해주고 싶어요?

이 수업의 주제는 다른 사람의 감정을 이해하는 것입니다. 1학년 학생들이 타인의 감정을 읽어내는 것은 어렵지만 재미있는 동화책의 주인공이 되어 감정을 느껴보는 것은 중요한 학습입니다. 몸을 뒤트는 학생도 있었지만 수업은 잔잔하게 흘러갔습니다. 그림책 장면에 학생들이 쏙 들어간 느낌입니다. 수업대화는 이런 것입니다. 질문의 수준을 따지는 것이 아니라 수업 안에 학생을 머물게 하는 중요한 소통 장치여야 합니다.

정리 콕콕! 생각 콕콕!

선생님은 위와 비슷한 고민을 한 적이 있으신가요?

1.

2.

필자는 이렇게 생각합니다

1. 수업대화란 동일한 수준의 대답이 반복되는 것이 아니라 점차 생각의 깊이를 더할 수 있어야 합니다.

2. 수렴적 질문이냐 확산적 질문이냐가 아니라 학생에게 꼭 필요하고 적합한 질문이냐가 더 중요합니다.

→ 수업대화란 수업 안에 학생을 머물게 하는 중요한 소통 장치입니다.

7.
[7단계] 교실공간
- 교실공간을 재해석하라

28명 내외의 학생들과 북적거리며 수업하다 보면 '교실이 좀 넓었으면 좋겠다'라는 아쉬움을 느낍니다. 최근에는 세월이 지나도 변함이 없던 제도화된 학교공간의 문제점을 지적하고, 학교공간의 건강성을 회복하자는 이른바 '공간혁신' 이야기가 많이 등장합니다. 소액의 공간개선사업부터 몇억이 오가는 프로젝트형 시범사업까지 이루어지고 있습니다. 놀이공원 같은 원목 놀이터도 만들고, 중앙현관에 북카페도 만들고, 유휴 교실에 휴게실도 만들고, 복도에 연주할 공간과 소파도 설치하고, 운동장에 모래 놀이터도 만드니 학교공간의 질이 확 달라진 느낌입니다. 학교 중앙현관에 학생들이 앉을 수 있는 벤치만 놓아도 공간이 편안하고 친밀하게 느껴집니다. 우리는 왜 그렇게 오랫동안 중앙현관을 장엄하고 엄숙한 장소로 고정시켰을까요?

우리는 왜 이토록 오랫동안 모든 운동장에 조회대를 설치했던 것일까요? 학교공간이 집단서식형 콘셉트에서 벗어나기 시작한 것만 해도 다행한 일입니다.

그러나 학교에 북카페와 연주공간이 생긴다고 해서 학생들의 일상이 크게 달라지지는 않습니다. 학생들이 학교에서 주로 머무는 공간은 북카페나 연주공간이 아니라 온종일 수업하는 교실이기 때문입니다. 학교공간은 달라지더라도 교실 안의 환경은 쉽게 변하기 힘듭니다. 과거보다 책상이 더 인체공학적이고, 칠판도 화이트보드로 바뀌었지만 교실의 면적 자체가 넓어지지는 않습니다. '학교 표준건축비가 공공기관 표준건축비 중 가장 낮게 책정되었다(홍경숙 외, 2019, 『학교공간 어떻게 바꿀 수 있을까?』, 창비교육, 150쪽)'라는 사실은 그리 놀라운 것도 아닙니다. 복도와 교실 넓이, 유리창 크기조차도 모두 표준규정에 따라 만들어집니다. 똑같은 공간을 만들고, 그 안에서 자유롭고 도전적인 발상을 하라고 요구하는 것은 과욕입니다. 세상에 공짜는 없습니다. 적게 투자하고 높은 이익을 얻으려는 자세는 공정하지 못합니다.

학교공간의 획일성보다 더 큰 문제는 획일적인 공간 사용입니다. 매너리즘은 발상의 전환을 방해합니다. 안전 제일주의와 타성에 젖은 시선이 학교공간을 더 답답하게 만듭니다. 그래서 학교공간 자체의 변화보다 수업시간을 위한 교실공간 활용에 주목하게 되었습니다. 정해진 크기의 교실공간을 수업에서 어떻게 다양하게 활용할 수 있는지 살펴보고자 합니다. 내 교실의 크기 자체가 달라지는 것은 불가능할 뿐만 아니라 아무리 투덜거려봤자 달라질 것도 없으니까요. 우리는 교실공간이 좁다고 생각하면서도 교실공간의 구조를 변형하거나 수업으로 공간을 다르게 활용하는 시도에는 소극적이었던 것 같습니다. 여기서는 교실공간의 구조 변화로 학생들의 동선을 넓히고, 수업에 몰입할 수 있는 학습공간을 조성해보고자 합니다.

같은 공간, 다른 느낌 만들기

교육연극수업이 낯선 선생님을 위해 교육연극수업을 간략히 소개하겠습니다. 교육연극수업은 연극을 만드는 수업이 아닙니다. 수업진행 과정에서 학생들이 신체를 움직여 자신의 생각과 감정을 표현함으로써 수업몰입을 증대시키는 수업입니다. 인지적 학습내용을 예술적 표현과 융합하는 수업이기도 합니다. 교육연극수업이 왜 교실공간을 역학적으로 사용할 수 있는지 짚어보겠습니다.

첫째, 교실 바닥에 앉아서 수업을 시작한다면?

바닥에 앉아서 수업 시작하기

학생들에게 수업시간은 딱딱한 의자에 앉아 있어야 하는 인내의 시간입니다. 바른 자세로 있어야 한다면 더 힘들죠. 자유롭게 좀 더 편안한 자세로, 의자에 앉지 않은 채 수업할 수는 없을까요? 있습니다! 물론 모든 과목이 교육연극으로 수업할 수 있는 것은 아닙니다. 과학 실험을 위해서는 과학실이 필요하고, 악기 연주를 위해서는 음악실이 필요하듯이 지식의 영역과 학습활동의 특성상 필요한 수업방법과 공간은 다릅니다.

수업주제가 인문·사회·예술 분야라면 교육연극으로 수업을 구성하기가 비교적 쉽고, 과학과 수학 분야라면 아무래도 한계가 있는 것 같습니다. 그러나 수업의 변화를 꿈꾸는 선생님이라면 한 번쯤 도전할 만합니다. 교육연극수업을 제대로 하면 그 속에서 학생들의 변화를 읽을 수 있기 때문입니다. 하나의 수업방식이 항상 정답이 될 수는 없습니다. 단지 우리가 해볼 수 있는 여러 가지를 적용하고 실험할 뿐입니다.

학생들은 책상과 의자를 모두 뒤로 민 후 교실 가운데 엉덩이를 바닥에 붙이고 책상다리로 앉은 채 수업을 시작합니다. 평소보다 마음속 해방감이 커집니다. 이때 주의할 점은 책상과 의자가 없는 틈을 타서 수업이 흐트러지거나 학생들의 태도가 어수선해져서는 안 된다는 것입니다. 그래서 교육연극수업은 학년초에 바로 시작하는 것보다는 학습습관이 바르게 형성된 이후에 실시하는 것이 좋습니다.

어른인 우리도 온종일 의자에 앉아서 연수를 듣다 보면 온몸이 뒤틀리니 학생들의 태도가 왜 비뚤어지는지는 이해할 수 있죠? 가끔은 바닥에 앉아 선생님 말씀에 귀를 기울이면서 수업을 시작하는 것도 신선한 맛이 있습니다. 어떻게 보면 아날로그적 수업 접근이라고도 할 수 있겠습니다. 매체에 의존하기보다는 나의 몸, 나의 생각, 나의 감정에 몰입하는 수업이니까요.

둘째, 교실공간 전체가 수업을 위한 장소가 된다면?

교실공간 활용

이 사진은 수업자가 교실에 있는 책상을 한국전쟁 중에 등장하는 기차로 사용하고, 학생들은 피난민이 되어 전쟁의 아픔을 느껴보는 장면입니다. 책상을 벽 쪽으로 붙여 학생들의 활동 공간을 넓혔을 뿐 별다른 소품 없이 교육연극수업을 했습니다. 학생들은 서서 이리저리 움직이니까 졸거나 멍하게 있을 틈이 없습니다.

수업공간 활용이 중요한 것은 휴게실이나 학교 카페, 연주회장 같은 특별한 장소가 아니라 모든 학생이 일상적으로 수업하는 '내 교실' 공간에서 일어난다는 점입니다. 공간을 사용하는 학생들이 공간에 애착을 갖고 주체적인 입장으로 서려면 그 공간에서 이루어지는 활동들이 각자에게 특별한 의미가 있어야 합니다.

학교공간을 재창조할 수는 없어도 내 교실은 충분히 변형하여 사용할 수 있습니다. 물리적인 공간 확대가 아니라 수업을 통해 교실공간을 재탄생시킬 수 있습니다. 학생들이 가장 오랫동안 머무르는 장소는 휴게실이나 놀이터가 아니라 교실공간입니다. 운동장 놀이터에서 신나게 놀다가 교실로 들어가 지루한 공부를 해야 한다면 배우는 것이 즐거울 수 없습니다. 따라서 학교공간을 대규모 프로젝트로 혁신하는 것과 달리 교실공간을 일상적인 수업에서 재창조해야 합니다.

늘 정돈된 책상 배치로 수업할 필요는 없습니다. 모둠을 만들고, ㄷ자형 대형을 만들어도 학생들이 책상과 의자에 묶여 있어야 하는 것이 현실입니다. 수업을 바라보는 시선을 바꾸면 수업이 훨씬 자유로워집니다. 매일 똑같은 장소에서 공부해야 하는 학생 입장을 고려한다면 수업시간에 약간의 공간적 변화라도 시도해보기를 권합니다.

셋째, 교실 측면이 칠판이 된다면?

교실 측면을 칠판처럼 사용하기

중요한 것을 설명할 때면 선생님은 학생들을 정면으로 주목시킵니다. 대부분은 그렇죠. 그런데 6학년 사회 수업에서 교실 정면이 아니라 사진에서처럼 교실 옆쪽 벽에 여러 개의 지도를 이어붙여 놓고, 학생들은 바닥에 앉아서 설명을 듣는 수업이 있었습니다. 한국전쟁의 이동 경로를 4가지로 구분하여 설명하는 부분이라 선생님의 설명은 길고 중요했습니다. 선생님이 반쯤 앉은 자세로 설명을 하니 학생들과 눈높이가 맞았습니다. 사소한 것 같지만 이 수업구조에는 중요한 의미가 있습니다. 만약 이 자료를 교실 정면 칠판에 붙이고, 학생들이 의자에 앉아서 설명을 들었다면 잘 보이지도 않고, 선생님도 학생들의 눈높이에 맞추어 설명하기가 힘들었을 것입니다. 교사가 자료를 만드는 데 들인 시간과 노력에 비하면 학생들에게 전달되는 효과는 상대적으로 적을 수 있습니다. 선생님의 전달력이 부족한 수업은 학생들이 집중하기도 힘듭니다. 학생들의 수업 몰입도를 높일 수 있다면 교실 옆쪽뿐만 아니라 뒤쪽 벽도 수업공간으로 활용할 수 있습니다.

교사도 학생도 교실공간을 최대로 사용하기

첫째, 학생들의 수업자세, 고정관념을 바꾸면?

선생님들이 바라는 학생들의 수업자세는 뭘까요? 반듯하게 앉아서, 두 눈을 동그랗게 뜨고, 교사를 처다보는 학생의 모습을 그려봅니다. 사실 내내 똑바른 자세로 앉아서 선생님의 설명에 집중하는 것은 극기훈련과 비슷합니다. 재밌는 것은 똑바르게 앉는 것과 수업에 집중하는 것은 별개라는 겁니다.

신규교사를 수업코칭한 적이 있습니다. 2학년 국어 수업이었는데 똘똘하게 생긴 여자아이가 똑바른 자세로 앉아서 선생님을 처다보고, 연필로 교과서에 쓰는 동작을 반복했습니다. 필자는 수업을 촬영하고 있었기 때문에 그 학생이 교과서에 무엇을 쓰고 있는지 카메라를 클로즈업하여 자세히 볼 수 있었습니다. 그 학생은 국어책에 바비인형을 그리고 있었습니다. 수업자에게 수업영상을 보여주기 전에 그 학생에 관해 묻자 수업태도가 매우 좋고, 대답도 잘하는 모범생이라고 했습니다. 이후 수업영상으로 그 학생이 바비인형을 그토록 열심히 그리고 있었던 것을 보고는 놀라워했습니다.

이 사례에서 생각할 것이 몇 가지 있습니다. 교사가 바라는 좋은 수업자세는 누구를 위한 것일까요? 혹시 교사의 수업진행을 위해 잘

협조해주는 자세를 말하는 것은 아닌지 생각해봐야 합니다. 2학년 학생들의 집중시간은 약 5분 정도입니다. 자리에 계속 앉아서 선생님의 설명에 집중하는 것은 매우 어렵습니다. 학생들의 자리만 조금 움직여도, 교사의 위치만 조금 바꿔도 수업이 달라질 수 있습니다. 두 명씩 말하기를 할 때 꼭 옆의 짝이 아니라 자리를 옮겨 다른 곳에 있는 친구와 이야기해도 됩니다. 늘 정돈된 모둠 책상 안에서 수업해야 한다고 생각할 필요는 없을 것 같습니다. 온종일 같은 책상에 앉아 있는 것이 얼마나 지루할지를 생각하면 우리가 시도하지 못할 방법은 없습니다.

바닥에 앉을 수도 있고, 교실 뒷면을 바라보고 설명을 들을 수도 있고, 교실을 여기저기 다니면서 의견을 주고받을 수도 있습니다. 학생들이 무질서하게 떠드는 것이 염려스럽다는 선생님도 있지만, 자리에 앉아서 멍하게 있는 학생들을 방치하기보다는 공간을 이동하는 소란함이 있더라도 학생들이 수업 안에 한발이라도 더 들어오게 하는 게 중요하다고 봅니다.

둘째, 학생들이 교사의 시선을 따라오려면?

선생님은 수업시간에 얼마나 움직이나요? 교실 뒤쪽까지 가기도 하나요? 매시간 동선을 길게 하는 것은 힘들겠지만 적어도 하루에 한두 번 교실 뒤쪽에 앉은 학생이 뭘 하고 있는지 곁에서 봐야 할 필요는 있습니다. PPT나 매체를 많이 사용하는 교사 중에는 동선이 짧은 경우가 꽤 있습니다. 그래서 PPT 자료는, 마우스 포인터를 사용해 교사가 좀 떨어진 곳에서도 작동시킬 수 있어야 한다고 봅니다. 교사가 교사 책상에서 계속 마우스를 눌러가며 PPT를 보여주는 수업은 참 답답합니다. 교사의 시선이 컴퓨터 마우스와 PPT를 오가느라 학생들을 바라볼 여유가 없습니다.

PPT 화면이 수업을 진행하는 것처럼 보인 적도 있습니다. 6학년 선생님이 과학 수업을 하는데 PPT 20장과 동영상 자료 1개가 중심이었습니다. 교사는 선 것도 앉은 것도 아닌 꾸부정한 자세로 마우스를 연신 눌렀습니다. 교사는 교사 책상에 있었고, 30분 정도 걸렸습니다. 수업용 PPT가 만화도 아니니 학생들은 슬라이드가 5장 정도 넘어서면서부터 지루해하는 모습이 역력했습니다. 문제는 수업하는 교사가 PPT 조작에 집중하느라 학생들의 지루한 눈빛을 읽기 힘들었다는 점입니다. 매체가 지배하는 수업은 건강하지 못합니다. 수업은 사람을 위한, 사람이 중심이 되는 시간이어야 합니다. 어떤 매체를 쓰더라도 그 가운데는 학생과 교사가 있어야 하는데, 사람은 온데간데없이 PPT만 돌아가는 수업이 되고 말았습니다. 그 교사의 수업동선을 자세히 살펴보니 교사 책상 30분, 교실 앞면 5분, 교실 전체 순회 5분 정도였습니다. 학생들이 과제하는 것을 그냥 휙 돌아보는 것은 별 의미가 없습니다.

교실공간을 수업시간에 최대로 활용해야 하는 것은 학생뿐만이 아닙니다. 교사 또한 공간을 이동하는 전략이 필요합니다. 학생들의 시선이 교사를 따라오는지 관찰해야 합니다.

수업시간, 교사에게 주어진 공간은 15~18평입니다. 그 공간을 어떻게 사용하느냐에 따라 교사동선뿐만 아니라 학생들의 움직임 자체가 달라집니다. 규격화된 공간이 주는 답답함과 폐쇄성을 조금이라도 벗어나려면 융통성 있는 수업기획이 필요합니다.

책상 배열은 늘 똑같은 방식으로 정돈되어야 하는지, 학생들은 의자에 꼭 반듯하게 앉아야만 하는지 등 교사가 가진 고정관념에 한 번쯤 의문을 품고 '내가 학생이라면' 역지사지의 입장에서 수업을 바라보았으면 합니다. 수업변화는 도전입니다.

 정리 콕콕! 생각 콕콕!

선생님은 위와 비슷한 고민을 한 적이 있으신가요?

1.

2.

필자는 이렇게 생각합니다

1. 교실공간 활용에 변화를 주면 학생들이 수업에 집중할 수 있는 공간이 생깁니다.

2. 학생들의 시선이 교사를 따라오는지 세심하게 관찰하며 공간을 활용합니다.

→ 교실이 주는 답답함과 폐쇄성을 벗어나려면 융통성 있는 공간활용 전략이 필요합니다.

<붙임>

교육과정재구성 사례(3학년)

1. 대주제	생명이 뭐지?	
2. 관련 교과 및 성취기준	**교과명, 단원**	**성취기준**
	1) 과학 3. 동물의 한살이	- 동물의 한살이 관찰계획을 세우고, 동물을 기르면서 한살이를 관찰할 수 있다.
	2) 도덕 6. 생명의 소중함	- 생명의 소중함을 이해하고 보호하려는 태도를 가진다.
	3) 수학 5. 길이와 시간	- 1mm와 1km를 알고 어림한다. - 1분은 60초임을 알고 시각을 읽고 계산한다.
	4) 국어 5. 중요한 내용을 적어요	- 글을 듣거나 읽고 내용을 간추린다.
	5) 미술 6. 조물조물 찰흙놀이	- 찰흙의 성질을 살려 작품을 만든다.
	6) 미술 11. 스스로 자유롭게	- 관심 있는 주제에 대해 스스로 계획을 세워 나타낸다.
	7) 체육 4. 움직임 표현	- 기본 동작을 이용하여 생각이나 느낌을 나타낸다.
3. 핵심개념	1. 과학: 동물, 한살이, 사육상자, 알, 애벌레, 번데기, 어른벌레, 암컷, 수컷, 완전탈바꿈, 불완전탈바꿈 2. 도덕: 생명 3. 수학: 1mm, 1km, 1초 4. 국어: 내용 간추리기 5. 미술: 찰흙 6. 체육: 움직임, 표현	
4. 수업자의도 (학습과정 및 학습결과)	1. 배추흰나비 기르기를 생명존중 교육과 연계하여 실시한다. (이름 지어주기, 소중하게 기르기, 죽으면 미안해하며 묻어주기 등) 2. 동물의 한살이를 알고 설명할 수 있게 한다. 3. 동물을 매우 좋아하는 3학년 아이들의 특성을 살려, 자신이 좋아하는 동물에 관해 깊이 연구하는 활동을 구성한다.	

5. 주제와 관련된 주요 지식	1. 과학 - 나비의 한살이는 약 한 달이며 알→애벌레→번데기→어른벌레 순서다. - 배추흰나비의 알은 길이가 약 1mm다. 애벌레는 알에서 부화하면 길이가 약 2mm 지만 4번 허물을 벗으며 약 30mm까지 자란다. - 동물은 암수 구별이 쉬운 동물과 어려운 동물이 있으며, 암수는 역할에 차이가 있다. - 동물의 성장에는 완전탈바꿈과 불완전탈바꿈이 있다. 2. 도덕 - 생명을 소중하게 대해야 한다. 3. 수학 - 1cm=10mm, 1km=1000m, 1분=60초다. 4. 국어 - 내용을 간추리는 방법은 여러 가지가 있다. (낱말 중심으로 짧게 쓰기, 전체 내용을 한두 문장으로 짧게 쓰기 등) 5. 미술 - 찰흙은 말랑말랑하고 쉽게 모양을 바꿀 수 있다. 잘 잘리고 잘 붙는다. 6. 체육 - 빠르기, 흐름을 변화시켜 움직이면 생각이나 느낌을 창의적으로 나타낼 수 있다.				

	차시	수업주제	핵심개념	수업의 구조	비고
6. 수업 세부계획	1~2 (도6)	무엇을 배울까?	생명	- 생명을 소중히 여겨야 하는 까닭을 알고 존중하는 마음 기르기 - 2주제 '생명의 소중함'에서 공부할 내용 정리하기	
	3 (과3)	배추흰나비 관찰계획 세우기	사육 상자	- 배추흰나비 한살이 관찰계획 세우기(관찰일지 작성하기) - 배추흰나비를 기르기 위한 사육 상자 꾸미기	과학준비물 관찰일지
	4~5 (수5)	배추흰나비 알고 애벌레 길이 어림하기	1mm	- 1cm를 10칸으로 똑같이 나누기 - 작은 눈금 한 칸의 길이가 1mm 임을 알기 - 배추흰나비알과 애벌레 길이를 어림하기	

6. 수업 세부계획	6 (과3)	배추흰나비 알과 애벌레 특징 알기	알 애벌레	- 배추흰나비알과 애벌레 관찰하기 - 특징을 글과 그림으로 표현하기	성장에 따라 관찰 수업 시 기가 달라질 수 있음
	7 (과3)	동물의 암수 알기	동물 암컷 수컷	- 동물의 암수 생김새 구별하기 - 동물의 암수 역할 알기(알이나 새끼를 돌보는 과정에서의 역할 차이)	
	8~9 (과3)	동물의 한살이 알기	한살이	- 새끼를 낳는 동물의 한살이 알기 - 알을 낳는 동물의 한살이 알기	
	10~18 (수5)	동물이 이동한 거리 와 시간 알기	1km	- 1000m가 1km임을 알기 - 동물이 이동한 거리 어림하고 재 기	
			1초	- 1분은 60초임을 알기 - 동물이 이동한 시간 더하고 빼기	
	19~28 (국5)	내용 간추리기	내용 간추리기	- 메모가 무엇인지 알기 - 내용 간추리는 방법 알기 - 동물에 대한 글을 듣거나 읽고 내용 간추리기(제비, 민화, 플랑 크톤 등)	필요시 국어 지문 재구성
	29 (과3)	배추흰나비 번데기와 어른벌레 특징 알기	번데기 어른벌레	- 배추흰나비 번데기와 어른벌레 관찰하기 - 글과 그림으로 표현하기	
	30~31 (미6)	배추흰나비 만들기	찰흙	- 찰흙 성질 탐색하기 - 배추흰나비의 한살이 나타내기	학습준비물
	32 (과3)	곤충의 한살 이 알기	완전 탈바꿈 불완전탈 바꿈	- 여러 가지 곤충의 한살이를 비교 하고, 공통점과 차이점 알기 - 완전탈바꿈과 불완전탈바꿈 설 명하기	

	33 (과3)	한살이 정리하기	한살이	- 여러 가지 동물의 한살이를 정리하기	
	34~35 (과3) (도6)	배추흰나비 날려 보내기		- 배추흰나비에게 편지 쓰기 - 배추흰나비에게 쓴 편지를 읽고 날려 보내기	성장에 따라 날려 보내는 시기가 달라질 수 있음
6. 수업 세부계획	36~39 (국5) (미11)	나는 동물 박사		- 좋아하는 동물을 고르고 깊이 있게 조사하기(도서, 컴퓨터 이용) - 동물을 조사한 내용 간추리기 - 내가 좋아하는 동물을 작품으로 나타내기 - 친구에게 동물 소개하기(동물의 특징, 한살이 등)	정보교육 연계
	40~41 (체4)	동물의 한살이를 몸으로 표현하기	움직임 표현	- 몸을 천천히, 빠르게 움직이고 느낌 비교하기 - 동물의 한살이를 몸으로 표현하는 방법 알기 - 여러 가지 동물의 한살이를 몸으로 표현하기	
	42 (도6)	주제 정리하기		- 2주제 '생명의 소중함'에서 공부한 내용 정리하기 - 생각 나누기	
7. 평가계획	1. 상시평가 - 과학: (3단원) 배추흰나비 관찰일지 작성하기 - 도덕: (6단원) 배추흰나비를 소중하게 대하기 위한 실천 점검표 - 국어: (5단원) 동물에 대한 텍스트 내용 간추리기 - 미술: (11단원) 동물의 특징을 살려 작품으로 나타내기 - 체육: (4단원) 움직임의 특성을 이용하여 동물의 한살이를 몸으로 표현하기				

8. 운영상
유의점
	1. 2주제 '생명의 소중함' 학습을 위한 교과별 지도 시기 조정
	- 도덕: 2학기 학습내용인 6단원을 1학기로 이동함. (우리가 만드는 도덕 수업 단원은
	  2학기로 이동함)
	- 수학: 2주제 학습 시기에 맞추어 수학 5단원을 앞당겨 배정함.
	- 과학: 배추흰나비의 성장 과정에 따라 과학 단원의 차시 순서를 재조정함.
	- 도덕, 국어, 미술, 체육: 배추흰나비는 약 한 달 동안 기르기 때문에 배추흰나비의 성
	  장에 알맞게 과학단원의 차시를 우선 배정함. 그리고 과학 시간 사이사이에 타교과
	  단원의 차시를 재구성하여 배정함.
	- 배추흰나비의 성장 과정에 따라 추후 재구성한 내용의 차시 및 순서가 달라질 수
	  있음.
	2. 주제 '생명의 소중함' 학습을 위해 필요시 국어 지문 재구성
	- 국어: 5단원 내용 간추리기에서는 필요시 동물에 대한 텍스트를 활용함으로써 주제
	  에 대한 통일성 강조.
	3. 학생들에게 '생명의 소중함'을 공부하고 있는 이유와 주제학습의 흐름을 상기
	- 주제학습 1차시에 주제학습과 관련된 마인드맵 그리기
	- 학습이 이어지면서 1차시에 그렸던 마인드맵에 공부한 내용을 하나씩 더해가기
	4. 맞춤법 지도
	- 교과서 지문을 받아쓰기 자료로 활용하여 맞춤법을 지속적으로 지도함.

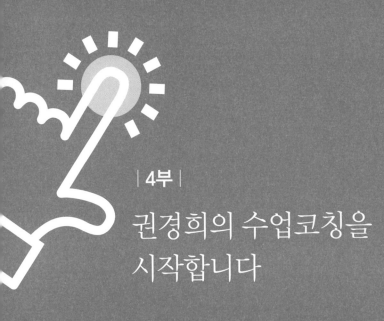

| 4부 |

권경희의 수업코칭을
시작합니다

0.
수.업.코.칭:
교사의 수업역량도 학습해야 한다

    지금까지 특정 수업이론이나 패러다임을 섣불리 추종하는 것은 위험하다는 것을 강조했습니다. 활동만을, 혹은 배움만을 강조하는 것은 수업이 가져야 할 균형을 잃은 것이라고 했습니다. '오늘 나의 수업'을 성찰하지도 않은 채 추상적인 역량중심수업과 미래교육에 관한 거대담론에만 빠져드는 것은 경계해야 한다고도 했습니다. 2부와 3부에서 언급한 수업에 대한 오해와 수업 고수가 되기 위한 실천적인 전략들을 전체적으로 아울러 4부를 준비했습니다.

    많은 선생님이 수업고민을 하는 이유는, 수업에 대한 열정과 애정도 있고, 잘하고 싶은 욕심도 있는데 구체적으로 그것을 '나의 수업'에서 어떻게 엮어낼 수 있는지, 또 수업을 제대로 한 것인지 확신하기 어려운 순간들이 있기 때문일 것입니다. 저 역시 수없이 그런 답답한 순간들을 겪었습니다. 지금 선생님들에게 전할 수 있는 말은 그런 갑갑증은 단시간에, 마술봉 같은 특정한 수업방법으로 해결하기는 어렵다는 것입니다.

음식의 깊은 맛을 내기 위해서는 인공감미료가 아니라 오랫동안 숙성되고 발효시킨 천연양념이 필요하듯이 수업을 숙성시키는 데도 '애씀'과 '단련'의 시간이 필요합니다. 그래서 조급하게 서두르지 말라고 하고 싶습니다. 뚜벅뚜벅 걸어서 산 정상에 오르듯이 수업도 뚜벅뚜벅, 한 발 한 발 내딛는 평정심에서 출발해야 합니다. 주변에서 수업 잘하는 교사로 당장 인정받으려고 애쓰지 마세요. 남의 평가에 따라 나의 수업자존감이 높아졌다 낮아졌다 해서는 안 됩니다. 수업 명인이나 수업 고수가 되는 것이 우리의 목표는 아닙니다. 수업 안에서 학생들을 온전히 만나고, 학생과 함께 교사도 수업 안에서 성장하는 것이 우리의 소박한 소망이잖아요?

학생들이 '수업'이라는 과정을 통해 '알지 못했던 지식'을 '구체적인 활동'을 통해 몸에 배게 하는 과정(習)이 학습의 과정이자 배움의 과정이라고 생각합니다. 배움 중심이니 가르침 중심이니 왈가왈부할 필요도 없습니다. 수업은 가르침과 배움이 공존하며 서로 상생하는 유기체니까요. 그 수업의 총괄 기획자는 교사입니다. 그래서 교사는 수업의 내용 지식(콘텐츠)에 대해서 잘 알아야 하고, 그것을 구현하기 위해서 수업의 예술성도 필요합니다.

억지로 지식을 주입하는 수업이 잘못된 것이지 지식 자체는 우리가 살아가는 데 든든한 기반이 된다는 것을 인정해야 합니다. 지식이 넘쳐나는 시대일수록 그 지식을 선택하고 집중하는 문해력이 필요합니다. 지반도 다지지 않고 큰 집을 짓겠다고 엄청난 설계도를 그리는 것은 건축의 기본을 간과한 섣부른 판단입니다. 함부로 지식교육을 폄하하는 행위도 다르지 않습니다. 수에 대한 문해력이 있어야 수리와 논리를 알 수 있습니다. 수와 언어에 대한 문해력도 없고, 필요한 지식을 선별할 수 있는 능력도 없는데 갑자기 창의성과 비판적 사고력을 신장시키라는 것은 인간의 성장과정을 이해하지 못한 말입니다.

4부의 수업 이야기는 거창하거나 특별하지 않습니다. 과정이 화려한 프로젝트수업도 아닙니다. 소소한 단위시간 수업들입니다. 그렇다고 실망할 필요는 없습니다. 우리는 크고 화려한 수업들이 '우리 반에서 나의 일상적인 수업'으로 녹이기 힘든 딴 세상 수업이라는 것을 이미 한 번쯤은 경험했으니까요. 이제는 수업 속에 흐르는 촘촘한 행간의 의미와 소소한 질문에 반응하는 아이들의 눈빛에 집중하기를 바랍니다. 그 소소한 질문 속에서 아이들의 눈빛이 어떻게 빛나는지에 주목해야 할 때입니다. 수업을 둘러싼 거대담론을 내려놓고, 배움문제니 역량강화니 미래교육이니 하는 용어를 전면에 내세우지 않고, 오롯이 수업을 고민하는 교사의 수업철학이 잔잔하게 흐르는 수업 이야기를 해볼까 합니다. 이 수업 이야기에는 유행하는 용어 대신 교사의 수업자존감과 학생들 한 명 한 명을 보려는 선생님의 마음이 담겨 있습니다.

4부의 수업 이야기들은 필자가 직접 수업코칭과 멘토링을 겸한 것입니다. 수업의 형식성보다 교사 개개인이 수업에서 성장할 수 있도록, 수업을 함께 들여다보고 고민한 수업들입니다.

왜 수업코칭인가?

'수업장학'이라는 말에 우호적인 선생님은 거의 없습니다. 각자의 경험치에서 생각했을 때, 수업장학이 그다지 수업성장에 도움이 되지 않았기 때문일 것입니다. 도움도 안 되는 일을 위해 많은 애를 써야 하고, 긴 지도안을 작성해야 하고, 결재를 받아야 하고, 회의록을 써야 한다면 누구든 귀찮고 싫은 것이 당연합니다. 수업장학을 자율장학으로 이름을 바꾼다고 해서 선생님의 불편함이 줄어드는 것은 아닙니다. 포장지를 바꾼다고 상품의 질이 달라지는 것은 아니니까요. 상품이 달라지기 위해서는 포장지를 바꿀 것이 아니라 상품의 질을 개선해야 하는데, 자꾸 새로운 용어로 포장지를 만드는 데 많은 수고를 하는 것 같아 안타깝습니다. 교육정책이 현장을 바꾸지 못하는 것은, 문제의 본질적인 부분보다 표면적인 상황 개선과 성과에 초점을 두어 장기적인 대안의 역할을 하지 못하기 때문입니다.

필자는 포장지가 아닌 상품의 질을 바꾸는 방법으로 수업코칭을 하고 있습니다. 수업장학의 전문성과 동료성을 모두 고려했습니다. 일각에서는 수업의 동료성만을 강조한 나머지 수업멘토 부분이 소홀해지고, 느낌과 감정적인 이야기로만 수업협의가 이루어지기도 합니다. 그러나 수업을 제대로 성찰하기 위해서는 끊임없이 수업에 대해 배우고 공부해야 합니다. 감성과 성찰만으로는 수업이 성장하는 데 한계가 있습니다. 성찰도 제대로 알아야 할 수 있습니다. 이것이 바로 전문가의 안목이 필요한 이유입니다.

필자의 수업코칭 철학은 아주 간단합니다. 수업을 디자인하는 단계에서 수업자와 함께 고민하고, 수업방향을 설계하는 데 필요한 조언을 하고, 수업성찰을 이어갑니다. 수업코칭이 제대로 이루어지기 위해서 무엇보다 중요한 것은 수업을 진지하게 참관하는 것입니다. 수업성찰을 할 때, 특히 저경력 교사의 경우에는 수업영상을 보면서 멘토링을 덧붙여 진행합니다. 수업을 준비하는 단계를 함께하는 이유는 수업의 책무성을 나누기 위해서입니다. 수업을 망쳐도 완전히 수업자만의 책임이나 잘못은 아니라는 안전장치입니다.

또한 수업을 잘된 수업과 잘못된 수업, 성공한 수업과 실패한 수업 등으로 평가하지 않습니다. 수업은 과정 자체가 예술인 창작품입니다. 보이는 것만으로 수업을 평가하는 것은 매우 경솔한 일입니다. 수업을 기획하는 방향에서 함께 논의하는 것은 동료성에, 수업의 방향을 치밀하게 조율하는 것은 전문성에 기반을 둔 행위입니다. 코칭과 멘토링이 함께 이루어진다고도 볼 수 있습니다.

1.
[수업코칭 사례 1]
'늙은 호박'에서 정약용을
연결하다(국어)

1. 함께하는 수업고민

4학년 국어 활동 중 '본받고 싶은 인물 찾기'가 있습니다. 대표적으로 이용하는 게 위인전입니다. 이런 수업의 어려움 중 하나는 위인전 속의 주인공과 위인전을 읽어야 하는 학생들 사이의 시공간적인 격차가 심해 다른 세상 이야기가 된다는 점입니다. 위인들이 생존했던 시대를 학생들이 상상하기 힘들고, 그 업적이라는 것도 지금 학생들의 일상과 비교하면 공감하기 어려운 부분이 많은 데다가 대부분은 천재적인 인물이니까요. 예를 들어 4학년 학생들에게 '조선시대'는 공룡이 살던 때만큼이나 먼 '옛날'에 불과합니다. 이런 '옛날' 이야기를 일방적으로 제시하고, 읽게 하고, 위인이니까 본받을 점을 찾아보자는 식의 수업은 아무리 재미있는 활동을 해도 학습동기를 갖기가 힘든 것이 사실입니다.

　요즘 학생들에게 매력적인 것은 옛날 위인전이 아니라 날마다 새로운 콘텐츠로 장식되는 유튜브일 것입니다. 감각적이고 현란한 유튜브에서 눈을 떼기 힘든 세대가 위인전을 읽는 것 자체가 쉽지 않은 학습과제입니다. Z세대는 '빠르게 훑어 읽기'에는 능숙하지만 꼼꼼하게 읽는 힘은 부족합니다. 수업을 기획할 때는 학습자의 현 상황을 이해하고 진단하는 과정이 필요합니다. 정량적인 기준은 아니더라도 학습자의 문화적 특성과 선호하는 학습유형을 고려할 필요는 있습니다. 그것을 판단하는 주체는 수업하는 교사입니다.

　위인은 훌륭하니까 본받아야 한다는 훈육적인 관점에서 수업을 설계하면 지루하고 고지식한 '강제된 수업'이 될 수밖에 없습니다. 본받는 것은 학습자의 몫입니다. 교사는 본받을 수 있도록 최대한 그 통로에 기름을 칠해 자연스럽게 유입될 수 있도록 통로를 확장하는 역할을 하는 사람입니다. 큰소리로 본받으라고 외친다고 학습자가 본받게 되는 것은 아니라는 현실을 직시해야 합니다.

　필자는 수업자와 함께 수업의 방향을 고민할 때 '위인의 업적을 가르쳐야 한다'는 역사적 사명감(?)에서 벗어나야 한다고 거듭 부탁했습니다. 경직된 부담감이 수업을 지루하고 불편하게 만들 수 있기 때문입니다. 교사가 가르치는 것이 학습으로 스며들 수 있게 버무리는 것이 수업기획입니다. 스며드는 대상자는 학생입니다. 눈높이를 학생들에게 맞추어야만 합니다. 국어 시간에 위인전을 배운다고, 위인의 훌륭한 점을 본받겠다는 의욕이 충만한 상태로 수업을 시작하는 학생은 없다고 봐야 할 것입니다. 그런데도 수업에서 제시하는 배움문제를 자세히 살펴보면, 학습의욕이 충만한 학생들에게 어울리는 고차원적인 수업목표들이 제시된 경우가 많습니다.

수업자의 의도는 학생들이 위인을 낯설고 먼 인물로 받아들이지 않도록 만드는 것이었습니다. 그래서 위인의 어린 시절은 나와 비슷한 아이였다는 것을 느끼게 하는 것, 즉 시대를 초월한 '아이'라는 공감에서 출발했습니다. 그 결과 이 수업은 '늙은 호박'으로 시작했습니다. 나중에 수업자에게 들었는데, 늙은 호박을 동기유발 소재로 사용한 것은 동료교사의 조언이었다고 하더군요. 이렇게 동학년이 아니어도 학교 안에서 수업을 같이 이야기하고 아이디어를 얻을 수 있는 문화가 진정한 학습공동체로서의 출발이 아닐까 생각합니다. 그런 수업친구를 가능하게 만드는 것이 학교의 수업문화이기도 합니다. 이런 수업문화 속에서 교사는 수업자존감을 키워갈 수 있습니다. 수업자는 4학년 프로젝트 학습으로 '정약용' 온책읽기를 한 후, 현장체험학습으로 거중기의 업적을 살펴볼 수 있는 수원 화성을 다녀오는 활동을 하고, 수원 화성의 모습을 그림으로 표현하는 미술활동으로 구성했습니다. 억지로 재구성을 쥐어짜는 것이 아니라 국어 수업 하나를 깊이 고민하다 보면 관련된 수업들이 연상되는 것 같습니다. 이것이 융합수업의 시작이 아닐까요.

2. 핵심질문 만들기

수업자와 고민한 끝에 핵심질문을 다음과 같이 만들었습니다. 얼핏 보면 '글을 읽고 인상적인 부분을 찾아보자'라는 배움문제와 별 차이가 없는 것 같지만 실제로는 큰 차이가 있습니다. 바로 학습의 주체를 '나'로 세우는 부분입니다. 정답으로 인상적인 부분을 찾는 것이 아니라, 내가 인상적으로 느끼는 부분에 방점이 있습니다.

핵심질문: 정약용 이야기에서 나는 어떤 부분이 인상적인가요?

핵심질문을 위와 같이 선정한 이유는 학습의 출발을 철저히 학생들의 눈높이에 두기 위해서입니다. 교사가 아무리 정약용이 훌륭하니 본받자고 강조해도 학생들이 공감하지 않는다면 학습은 이루어지지 않습니다. 학습문제를 '본받을 점을 찾아봅시다' 또는 '본받아봅시다'라고 하면 이미 교사가 지시하는 형태가 됩니다. 학생들이 선택하고, 사유할 틈 없이 처음부터 당위적으로 본받아야 하는 강제사항이 되는 거죠. 재미있는 것도 누가 시키면 흥미가 사라지는 것이 사람 마음인데, 재미도 없는 것을 억지로 시키면 동기가 생길 리 없습니다.

핵심질문의 주어를 '나'로 하는 것은 학습의 주체를 학생들 개인으로 만드는 전략입니다. 이 수업의 과정은 오롯이 '내가' 학습해야 하는 과정임을 부여하는 책무성과도 같습니다. 내가 인상적인 부분을 생각하고, 내가 문제를 해결해야 한다는 긴장감과 적극성을 부여하기 위해서죠. 이 수업에서 정약용의 어떤 부분이 나에게 인상적인지 생각하고 찾아가야 하는 것은 '나의 몫'이라는 것입니다.

무기력하게 무임승차하는 학생들이 많은 수업은 아무리 활동을 많이 해도 별 의미가 없습니다. 그저 모양만 요란한 수업이 되기 쉽습니다. 사유의 주체는 개인입니다. 사유하지 않는 개인들이 집단만 만든다고 해서 집단지성이 되는 것은 아닙니다. 각각의 개인이 사유할 수 있어야 창의적인 집단사고로 발전합니다. 모둠으로 모였다고 해서 저절로 협동학습이 되는 것은 아닙니다. 학생 개개인의 지성력을 키워야 집단의 사고가 성장할 수 있습니다. 이것이 수업의 저변에 함께 흘러가야 하는 철학입니다.

3. 수업의 구조

수업은 물 흐르듯이 자연스럽게 흘러가야 합니다. 억지스럽거나 분절적이지 않고 학생들이 궁리할 수 있도록 새로운 상황을 이어가는 것이 중요합니다. 수업을 하나의 통구조로 보고, 핵심질문을 실천할 수 있는 큰 가닥을 만드는 것으로 수업을 준비했습니다.

학년/교과	4학년 국어
학습주제	정약용
관련 성취기준	읽기 경험과 느낌을 다른 사람과 나누는 태도를 지닌다.
핵심질문	정약용 이야기에서 나는 어떤 부분이 인상적인가요?
수업구조	◐ 동기유발: 늙은 호박으로 질문하기 　– 오늘 국어시간인데 왜 선생님은 늙은 호박을 가져왔을까요? ◐ 정약용의 어린 시절 살펴보기 　– 호박에 말뚝박기, 천자문 익히기, 아버지께 혼남 등 ◐ 모둠활동: 초서(인상적인 부분 적은 글) 나누기 　– 개인별로 인상적인 부분 2가지를 말하고, 이유 설명하기 ◐ 허니보드로 정약용 정리하기 　– 정약용과 관련하여 생각나는 단어 적기 　– 유목화하여 수업 정리하기

4. 수업 읽기

1) '우리 이야기'로 시작하는 수업 – 늙은 호박과 어린 정약용

수업자는 정약용 책을 3번 읽었다고 했습니다. 재미없고 딱딱한 조선시대 인물을 4학년 학생들에게 어떻게 접근시키면 좋을지 여러 방면으로 궁리했습니다. 수업 시작 단계에서 '위인'이나 '정약용'이라는 말은 전혀 언급하지 않았습니다. 교실에 큰 늙은 호박 하나를 가져온 후 수업자의 질문이 시작됩니다.

교사: 오늘 선생님이 왜 이 늙은 호박을 여기에 가져왔을까요?

학생들: 곧 할로윈이 다가오니까요?

　　　선생님이 농사지은 거라서 자랑하려고요.

호박죽 만들어 먹으려고요.

우리 반에서 읽고 있는 책에 정약용이 호박에 말뚝 박는 장면이

있어서요.

늙은 호박

몇 명의 학생들이 중구난방으로 대답하는 사이에 정약용이라는
말이 한 학생의 입에서 나왔고, 다른 학생들은 자연스럽게 고개를 끄
덕였습니다. 늙은 호박 하나로 학생들의 흥미를 수업주제로 끌어들이
는 수업자의 노련한 전략이 성공한 셈입니다. 그러나 늙은 호박 자체
로 동기유발이 되는 것은 아닙니다. 수업자의 첫 번째 질문으로 학생
들이 정약용에 접근할 수 있는 촉매 역할을 했다는 점이 중요합니다.

더구나 수업 때 등장한 이 늙은 호박은 수업자가 직접 재배한 농산
물로 수업자에게는 친숙한 자료입니다. 학생들이 정약용이라는 인물
에 다가서게 하는 핵심 매체로 이 늙은 호박을 선택한 것입니다. 수업
자의 고민이 묻어나는 부분입니다. 주변의 소재로 학생들에게 친밀한
느낌을 주고 수업 안으로 몰입시킬 수 있다면, 이것이 진정한 동기유
발일 것입니다. 주변을 탐색하는 것은 학생들만이 아니라 수업을 준비

하는 교사들에게도 필요한 삶의 태도인 것 같습니다. 주변이 모두 수업소재이고, 일상의 상황들이 수업대화의 단초가 될 수 있으니까요.

얼마 전에 바이올린 연주자인 헨리가 제철소에 있는 드럼통, 플라스틱통, 막대기, 전기드라이버 등으로 갖가지 소리를 만들어내는 것을 TV에서 보았습니다. 전혀 어울릴 것 같지 않은 물건들을 두들겨서 소리를 만들고, 여러 소리를 엮고, 사이사이에 피아노와 바이올린 연주를 넣어서 한편의 즉흥곡을 탄생시키는 안목과 예술성이 충격적이었습니다. 누구에게는 시끄러운 드럼통 소리와 드라이버 소리가 안목 있는 예술가의 선택으로 멋진 음악으로 승화되었습니다. 누가 드럼통을 바라보느냐에 따라 드럼통의 운명이 달라지는 것만 같습니다. 갑자기 교실에 올망졸망 모여 있는 아이들이 생각납니다. 놓쳐버린 드럼통이 많이 있을지도 모른다는 생각에 미안한 마음이 듭니다.

2) 수업자의 삶의 자세가 그대로 수업에 묻어나다

흔히 위인전 수업은 책에서 위인이 한 일 알기→인상적인 부분 찾기→위인의 본받을 점 찾기→발표하기→기록하기 순으로 진행하는 것이 일반적입니다. 전기문은 대체로 글의 내용이 건조하고, 결론은 우리가 그 위인에게서 무엇인가를 많이 본받아야 한다는 것입니다. 수업자는 이런 전기문 수업의 도식적인 행렬을 완전히 벗어났습니다.

정약용의 독서법은 초서법인데, '초서법'이란 책의 인상적인 부분을 기록하면서 읽는 방법입니다. 수업자는 초서법을 읽기 방법으로 학생들에게 지도할 뿐만 아니라 본인도 직접 공책에 적고, 기록한 것을 수업시간에 학생들에게 읽어주었습니다. 학생들만 서로 책의 내용을 나누는 것이 아니라 선생님도 같이 책을 읽고 초서한 내용을 공유하는 것은, 가르침과 배움이 하나가 된 모습입니다. 학생들에게 독서를 강조하면서도 정작 선생님이나 부모님은 독서를 즐기지 않는 경우도 많으니까요.

더구나 수업자는 호박에 말뚝을 박는 느낌이 어떤지 알기 위해서 직접 집에서 말뚝박기를 시도해보았다고 합니다. 학생들에게 필요한 것은 말로만 하는 교육이 아니라, 어른들이 몸소 실천하며 보여주는 이런 가르침의 방식이 아닌가 싶습니다. 이 수업을 한 학생들은 정약용을 기억하는 경로가 다를 것입니다. 늙은 호박이 등장한 이야기, 우리 선생님의 초서 내용을 들은 것, 정약용도 어린 시절에는 장난꾸러기였다는 것, 탐구적이고 호기심이 많아 어른이 되어서 여러 가지를 발명한 일 등을 차곡차곡 담았을 것입니다. 왜냐하면 수업이 형식적인 절차로 이루어지지 않고, 책을 꼼꼼히 읽고, 내 것으로 만드는 것에서 시작하여 수업을 이끌어가는 선생님의 실천적인 가르침을 보았기 때문입니다.

3) 허니보드의 쓰임새가 깊어지다

요즘은 새로운 수업교구들이 천연 색깔로 세련되게 많이 등장합니다. 그중 오각형 모양의 허니보드는 학생들이 의견을 동시에 제시할 때 효율적인 교구입니다. 수업의 마지막 단계에서 수업내용 정리를 위해 허니보드를 사용했습니다. 학생들에게 '정약용'이라는 이름을 듣고 떠오르는 낱말을 하나씩 적게 했습니다. 천자문, 목민심서, 호박, 천주학, 곡산부사, 인내심, 천재, 정직, 거중기 등 다양한 단어가 등장했습니다. 중요한 것은 다음 단계입니다. 학생들이 기록한 개별적인 단어들을 유목화하지 않는다면 허니보드의 역할은 큰 의미가 없습니다. 칠판에 알록달록하게 펼쳐놓으면 그저 보기에 좋을 뿐입니다. 수업자는 학생들이 제시한 결과물을 다음과 같이 범주화했습니다.

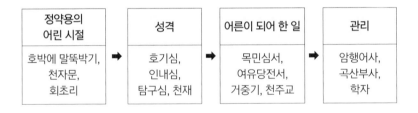

허니보드로 제시한 단어들을 보면 정약용의 일생이 그려집니다. 가장 중요한 핵심은 수업자가 학생들에게 왜 이 단어를 선택했는지 그 이유를 꼼꼼하게 다시 질문했다는 점입니다. 수업자의 이런 질문은 학생들 스스로 생각할 수 있도록 자극하는 역할을 했습니다. 허니보드가 알록달록한 예쁜 도구에 머무르지 않고, 학생들의 생각을 모으고 수업을 피드백하는 데 중요한 쓰임새를 갖게 된 것이죠. 교사의 꼼꼼한 질문을 통해 학생들은 개념과 개념을 연결지어 생각할 수 있었고, 전체적으로 좋은 수업대화가 이루어질 수 있었습니다.

2.
[수업코칭 사례 2]
'지렁이'로 시작된
수학의 발견(수학)

1. 함께하는 수업고민

지렁이 길이를 잰다고 징그럽게 여길 필요는 없습니다. 말랑말랑한 클레이로 지렁이 길이를 어림하여 만드는 수업입니다. 수학 시간에 '클레이'와 '지렁이'가 등장하는 이유는 무엇일까요? 바로 집중시간이 3분을 넘지 못하는 2학년 학생들의 특성 때문입니다. 수업시간에 떠드는 학생이나 딴짓을 하는 학생이 있는 것은 일상적입니다. 심지어 수업을 방해하는 행동도 수시로 나타납니다. 학급 내에 학습장애뿐만 아니라 다양한 정서장애를 겪는 학생들이 증가하는 것도 수업하기 어려운 이유 중 하나입니다. 어느 학교든 있을 법한 학습상황이지요.

학생들의 집중시간은 점점 짧아지고, 개인 간 학습격차는 더 심해지고 있습니다. 특히 최근에 온라인학습이 장기화될수록 학습격차가 심각해지고 있다는 것은 현장에서 수업해본 사람이라면 누구나 공감할 겁니다. 2학년 학생들에게 '공부하자, 수업하자'라고 하면 지겹다는 표정을 짓습니다. 학교 다닌 지 2년밖에 안 되는데도 이미 '공부'와 '수업'은 지겨운 명사로 인식된 것이 슬픕니다. 그래서 최대한 지겹지 않은 상황에서 '학습'이 이루어지도록 하는 것이 저학년 수업의 관건입니다. 그렇다고 수업이 마냥 즐겁고 재미있기만 한 개그쇼는 아니기 때문에, 지겹지 않게 생각하고 조작할 수 있도록 수학 수업을 고민했습니다.

수업지도안을 작성하는 데 많은 시간을 들이면서도, 수업과 관련하여 학생들의 현재 학습상황을 진단하는 일은 소홀히 하는 경우가 있는 것 같습니다. 수업지도안 작성에 많은 시간을 들이고, 논리적으로 문서를 작성한다고 수업이 잘 되는 것은 아닙니다. 오히려 현재 학습자들의 인지상황을 정확하게 진단하는 것이 훨씬 더 중요합니다.

이 수업을 함께할 학생들의 특성을 살펴보면 자를 사용해본 경험이 적고, 이전 수업에서 '자'를 사용해 몇 가지 물건의 길이를 재어보는 활동을 했지만 아직은 어림한다는 것에 익숙하지 않은 상태입니다. '자'를 사용하여 물건의 길이를 재는 것에 흥미는 있지만, 기준점을 맞추고, 정확하게 재는 것은 서툴고 시간이 오래 걸리는 일입니다.

수업주제는 자 없이 길이를 추측하고, 길이를 어림하여 지렁이를 만드는 것입니다. 내 몸과 내가 가진 물건들을 이용해 주변의 길이를 재어보게 하는 것, 즉 내 주변을 관찰하고 관심을 가지게 하는 것이 일차적인 학습동기입니다. 학생들이 1cm의 길이가 자신의 손톱 길이와 비슷하다는 걸 알고, 그 손톱 길이로 주변의 물건을 어림하여 길이를 잴 수 있게 된다면 수업의 목표는 충분히 달성되었다고 봅니다.

2. 핵심질문 만들기

핵심질문: 내가 만든 지렁이의 길이는 약 몇 cm일까요?

핵심질문을 이렇게 선정한 이유는, 길이재기를 하든 어림재기를 하든 학생들에게 이것을 왜 배우는지 생각하도록 유도해야 하기 때문입니다. 물론 2학년 학생들에게 이 지식이 왜 필요한지 직접적인 질문을 하거나 확산적 질문으로 수업을 시작하기는 어렵습니다. 살다 보면 '자'가 없는 상황에서 물건의 길이를 재야 할 때가 있는데, 이럴 때 어림할 수 있다면 길이를 대강이라도 알 수 있을 것입니다. 이것이 이 수업을 학생들의 생활과 연결지어 계획한 이유입니다. 이 연결성이 학습의 동기이고, 수업몰입의 촉매가 됩니다.

다 같이 2학년 학생이 되어 상상해봅시다. 학생들에게 '여러 가지 물건의 길이를 어림하여 재어보자'라는 배움문제가 제시되었습니다. 집중시간이 3분도 안 되는 아이들이 몇 개의 명사로 나열되는 배움문제를 보며 흥미를 느끼기는 어렵습니다. 선생님은 꼭꼭 씹어서 배움문제를 제시하지만, 학생들에게는 바람결에 지나가는 소리처럼 들릴 것입니다. 왜냐하면 이 배움문제라는 것이 나와 상관없게 느껴지기 때문입니다. 내가 꼭 집중해서 배워야 할 필요성을 느끼기 어렵다는 얘기입니다. 그래서 필자는 핵심질문에 주어를 '나'로 표현할 때가 많습니다. 학습하는 주체가 이 학습을 해서 무엇을 알게 되는지, 무엇을 할 수 있는지 동기를 부여하는 것이 핵심질문의 역할입니다. 교사들은 배움문제를 교육과정의 성취기준이나 교과서의 학습주제 자체를 날것으로 제시할 때가 많습니다. 그러니 학생들은 지루하고 관심이 없습니다. 배움문제지만 배우고 싶은 마음이 별로 생기지는 않습니다. 배움문제라면 배우고 싶은 호기심이 생기게 해야 하지 않을까요?

이 수업은 2학년 학생들의 집중시간이 매우 짧다는 것, 산만하다는 것, 그리고 클레이(칼라 찰흙)로 노는 것을 좋아한다는 것을 고려하여 길이를 다양하게 만들기 좋은 지렁이를 소재로 핵심질문을 구성했습니다. 우선 나의 엄지손톱 길이를 어림하고, 그것을 이용하여 교실에 있는 다양한 물건의 길이를 어림해보는 활동으로 수업을 시작했습니다. 교실공간 전체가 수업자료가 되었고, 학생들은 교실을 돌아다니면서 자신의 신체를 이용해 길이를 어림해보았습니다. 이것이 바로 고정관념을 바꿔서 교실공간을 새롭게 재탄생시킨 것이 아닐까요? 그리고 심화활동으로 클레이로 지렁이를 만들어서 어림하게 했습니다. 이 수업에서 학생 각자가 알아야 할 지식은 자 없이 길이를 어림하는 방법을 알고, 실제로 길이를 어림해보는 것입니다.

3. 수업의 구조

학년/교과	2학년 수학
학습주제	어림하여 길이재기
관련 성취기준	여러 가지 물건의 길이를 어림해보자.
핵심질문	내가 만든 지렁이의 길이는 약 몇 cm일까요?
수업구조	◗ '자' 없는 세상: 교실에서 10cm 물건을 어떻게 찾을까? – 내 몸과 주변 도구를 이용해요. ◗ 수학책에 있는 나뭇잎 어림하기 – 실물화상기로 다 같이 확인해요. ◗ 클레이로 나의 지렁이 만들기 – 지렁이의 길이를 어림으로 말해요. ◗ 오늘 공부한 내용 정리

4. 수업 읽기

1) '우리 이야기'로 시작하는 수업 – 스토리텔링과 상상력

스토리텔링이라고 해서 기승전결이 있는 한편의 동화 같은 이야기는 아닙니다. 수업을 시작할 때 '공부합시다'나 '다 같이 배움문제를 읽어봅시다'라는 말 대신 선생님이 문제상황을 그럴듯하게 제시하기만 해도 스토리텔링이 됩니다. 이 수업의 시작은 다음과 같이 해보았습니다.

"우리가 지난 시간에는 자를 이용해서 길이를 잘 재봤지요? 그런데 큰일 났어요. (눈을 크게 뜨고) 갑자기 온 세상에 있던 '자'가 모두 사라져버린 거예요. 지구에 '자'라는 물건이 없어졌어요. 글쎄, 누가 가져갔는지는 모르겠어요. 어쨌든 우리는 오늘 당장 10cm 길이를 재어야 하는데 어떻게 하면 비슷하게 잴 수 있을까요? '자' 없이 길이를 재어야 하는 데 어떤 방법이 있을까요?"

이렇게 문제상황을 던져주면 학생들은 이야기 속으로 끌려옵니다. 손바닥이나 발바닥 뼘이나 손톱 길이로 비슷하게 잴 수 있다는 이야기가 아이들의 입에서 나옵니다. 특별한 매체 없이 상상력만으로도 좋은 동기유발이 이루어질 수 있습니다.

2) 생각하는 과정이 뇌를 성장시킨다

교사가 많이 가르친다고 학생들의 뇌에 모두 저장되는 것은 아닙니다. 학습이 이루어지기 위해서는 외부에서 얻은 정보가 학생들의 뇌에서 스스로 의미를 형성하는 과정이 필요합니다. 그래서 새로운 개념을 배운 후에는 그 개념을 내면화하는 활동들이 필요합니다. 『뇌를 알면 아이가 보인다』를 보면, 아이들의 뇌가 성장하는 과정과 학습이 이루어지는 과정을 바르게 인지했다 하더라도 무리하게 학습시킬 경우 학습된 무력감으로 이어진다고 경고하고 있습니다. (김유미, 2018, 『뇌를 알면 아이가 보인다』, 북하우스 퍼블리셔스, 162~168쪽)

수업자는 학생들이 수업에 집중할 수 있도록 단계적으로 학습과제를 부여했습니다.

첫째, '자'가 없는 상황에서 어떻게 길이를 잴 수 있는지 생각할 거리를 던져주고,

둘째, 몸을 움직여서 내 주변에 있는 물건을 찾게 함으로써, 외부 정보를 가져와 뇌에서 정보를 처리할 기회를 주고,

셋째, 클레이로 지렁이 만들기를 하여 학생들의 호기심과 의미형성을 자극했습니다. 손으로 조작하거나 무엇인가를 직접 만드는 활동은 뇌에 적극적으로 기억되게 합니다.

물론 클레이로 지렁이를 만들 동안 수업은 소란스러웠고, 클레이로 장난을 치는 학생들도 있었습니다. 그러나 이것 자체도 학습의 과정입니다. 어떤 학생은 클레이가 얼마나 늘어나는지 최대로 늘려보기도 하고, 뚱뚱한 지렁이를 만든다고 최대한 짧게 만들기도 했습니다. 학습에는 기다려주는 시간이 필요합니다. 클레이의 촉감을 아는 것도 중요한 감각입니다. 수학 시간이니까 꼭 길이만 재어야 하는 것은 아닙니다.

우리는 늘 수업목표를 달성하는 것에 쫓깁니다. 그것도 눈에 보이는 가시적인 수업성과를 기대합니다. 강박적일 때도 있습니다. 학생들이 딴짓을 안 하고 '빨리빨리 내가 하라는 대로 따라 해야 계획한 수업을 다 할 수 있다'라는 조바심이 있다면 수업의 여유를 갖기는 어렵습니다. 손으로 클레이를 조몰락거리며 쉴 새 없이 입을 조잘거리는 학생들을 보니, 이런 수업은 미술활동과 연결해도 좋겠다는 생각

이 들었습니다. 만약 이 수업으로 다시 수업코칭을 하게 된다면 시도해보고 싶습니다. 어림으로 원하는 길이의 지렁이를 만들고, 여러 가지 클레이로 꾸미기를 하고, 이름도 붙이면 새로운 지렁이 군집이 나올 것 같습니다. 학생들은 어림재기도 배우고, 클레이를 실컷 만질 수도 있고, 내가 상상한 지렁이를 만들 수도 있으니 융합적인 수업이 자연스럽게 이루어지지 않을까요? 교과 간 구분보다 학생들에게 더 중요한 것은 세상을 살아가면서 필요한 것을 재미있게 배우고, 내 기억 속에 의미 있게 저장하고, 필요할 때 저장된 것을 꺼내 활용할 수 있는 역량이지요. 이것이 삶의 역량이 아닐까 생각합니다.

3.
[수업코칭 사례 3]
'피자' 전단지에서
백분율을 만나다(수학)

1. 함께하는 수업고민

6학년이 되면 수학을 싫어하는 학생들이 표면화됩니다. 억지로 따라가는 학생도 있고, 이미 포기한 학생도 있습니다. 기초를 놓친 학생들의 표정은 무기력합니다. 기본적인 수학 학습능력이 필요하다고 목소리를 높이는 것은 선생님이고, 학생들은 시큰둥합니다. 이런 상태의 학생들에게 백분율을 가르치기는 쉽지 않습니다.

2015 교육과정에서는 역량중심을 말하지만, 수학 수업을 지루해하는 학생들의 역량을 어떻게 강화할지 막막합니다. 역량 강화까지는 아니더라도 최소한의 논리적 사고는 필요하다는 절실함에서 수업을 고민했습니다. 수업의 시작을 '피부에 와닿는 수학'에 두었습니다. 동네에 돌아다니는 각종 할인 홍보용 전단지를 백분율 수업자료로 활

용했습니다. 최소한 백분율이 지겨운 수학 공부가 아니라, 백분율을 알면 피자를 싸게 먹을 수 있는 금액과 물건을 할인받는 금액을 알 수 있다는 '현실'로 시작했습니다. 수학 공부를 포기한 학생도 피자를 싸게 먹는 것은 중요하다는 것을 이용한 심리적 전략입니다.

2. 핵심질문 만들기

핵심질문: 나는 피자를 얼마나 할인받을 수 있을까?

핵심질문을 위와 같이 선정한 이유는 유난히 수학을 싫어하는 학생들이 많기 때문입니다. 만약 학생들이 수학을 매우 선호하고, 백분율 정도는 아무 부담 없이 받아들인다면 핵심질문도 이와는 다르게 접근했겠지요. 그러나 우리 반 학생들이 백분율, 부피, 면적 같은 개념만 들어도 한숨을 내쉰다면, 수업의 출발은 심리적인 접근으로 시작하는 것이 좋습니다. 수학 공부가 끔찍한 학생들에게 '백분율에 대하여 알아보자' 혹은 '백분율이 사용되는 경우를 알아보자'라는 학습문제는 너무 일방적이라는 느낌도 듭니다. 이런 학습문제를 제시하고, 유튜브 영상으로 동기유발을 한다거나 게임을 이용한 학습전략을 사용했다고 해서 학생중심수업이 되는 것은 아닙니다. 학습의 출발이 학생에게 있지 않고 교사의 화려한 수업기술이나 매체에 있다면, 이미 학생이라는 존재는 수업의 주인이 아니라 스쳐 지나가는 손님이 될 뿐입니다.

학생들에게 백분율이라는 개념이 생소하고 어렵다는 것을 공감하는 교사의 눈높이가 수업디자인의 출발선이어야 합니다. 수학의 이런 개념들이 내 생활과 어떤 관련이 있는지 생각해볼 틈을 주는 것이 가장 중요한 동기입니다. 교사가 많은 내용을 가르치려고 심화단계의 문제를 준비하는 것보다 더 중요한 것은, 오늘 공부할 수학 주제에 학생들이 얼마나 관심을 둘 수 있는지를 살펴보는 것입니다.

  그래서 백분율이라는 개념을 할인율로 접근하고, 학생들이 좋아하는 피자라는 먹거리를 이용했습니다. 오늘의 수학 공부는 백분율을 계산하는 지루하고 어려운 것이 아닙니다. 전단지에서 홍보하는 피자 할인율에 따라 내가 피자를 얼마나 싸게 먹을 수 있는지, '나의 일상과 매우 밀접한 삶의 역량'을 배우는 시간입니다. 학생들에게 맛있는 피자를 할인된 가격으로 먹을 수 있는 것은 아주 중요한 생활의 기쁨이니까요.

  수업의 시작을 교사의 수업목표에서 출발하는 것이 아니라 학생들이 나와 세상에 대해 가져야 할 관심과 흥미에서 시작하는 것이 필자가 말하는 '핵심질문'입니다.

3. 수업의 구조

학년/교과	6학년 수학
학습주제	백분율
관련 성취기준	백분율에 대하여 알아보자.
핵심질문	나는 피자를 얼마나 할인받을 수 있을까?

수업구조	◗ 동기유발: 동네 가게들의 여러 가지 할인 전단지
	    – 30% 할인의 의미 알기
	◗ 5000원짜리 양말을 20% 할인한다면 ? – 단계별 계산법 알기
	◗ 교과서 문제를 풀고, 모둠 친구와 정답 확인하기
	    – 풀이과정을 공책에 적기
	◗ 전단지를 보고, 내가 할인받을 수 있는 금액 계산하기
	    – 피자, 헬스클럽, 미용실, 치킨, 슈퍼 등

4. 수업 읽기

1) '우리 이야기'로 시작하는 수업 – 피자를 싸게 먹으려면?

덧셈과 뺄셈을 못 해도 슈퍼에서 아이스크림을 사 먹을 수는 있습니다. 학생들이 숫자를 본능적으로 계산할 때는 아마 물건을 살 때일 것입니다. 특히 적은 돈을 내고 맛있는 것을 먹는다고 하면 눈빛이 빛납니다. 지겨운 수학 공부가 아니라 '나의 즐거움'과 '나의 생활'에 밀접하게 관련되어 있으니 학습을 포기하는 학생이 없는 것 같습니다. 수학은 못해도, 수학 공부는 하기 싫어도, 피자를 싸게 먹는 것은 결코 포기할 수 없으니까요.

수학 공부가 어렵다는 것은 6학년쯤 되면 누구나 절감합니다. 수학을 잘하는 학생이나 수학을 못하는 학생이나 학년이 올라갈수록 부담스러운 것이 사실입니다. 누구에게도 만만한 교과가 아니라는 점에서, 중고등학교로 올라갈수록 '수포자'가 급증한다는 점에서, 수학교육에 문제가 있다는 것이 현실입니다. 수학 시간이 다른 교과보다 주당 수업시수 비중도 높고, 수학 교과에 지불하는 사교육비 비용이 많음에도 불구하고 수포자가 증가하는 것은 모순된 상황입니다. 우리 아이들은 수학 앞에서 점점 초라해집니다.

2) 개념이해는 정확하게, 문제풀이는 단계별로

수학연산이 약한 학생은 식을 세워도 통분이 틀리거나, 나눗셈이 틀리거나, 분수의 곱셈을 덧셈으로 잘못하는 등 연산과정에서 자주 오류를 범합니다. 그러나 틀리는 과정을 학생들에게 다시 질문해보면 단순한 실수가 아니라 연산에 대한 이해와 정확한 지식이 부족한 경우가 많습니다. 심지어 정답은 맞지만 기계적인 계산법으로 답을 썼을 뿐 과정을 이해하지 못할 때도 있습니다.

아는 문제를 '덤벙거려서 실수로 틀렸다'라는 말은 위험한 자기 위로입니다. 뇌 속에 정확한 지식체계가 부족해서 연산과정에 실수가 발생하는 것입니다. 부모는 우리 아이가 '실수'로 틀렸다고 위로받고 싶어 하지만, 실수가 아니라 실력이 부족하다는 것을 인지하고 인정하는 것이 공부의 첫 단계입니다.

학생들의 부족한 연산실력을 해결하는 솔루션 방식을 생각해봅시다. '6학년이니까 이 정도는 알겠지' 하는 식으로 넘어가면 안 됩니다.

아직도 이것도 모르냐고 핀잔하고 윽박질러 봤자 해결되는 것은 없습니다. 선생님들에게 수학 수업이 특히 어려운 것은 선행으로 이미 상위 학년의 진도를 나가는 학생도 있지만, 기본적인 연산도 하지 못하는 학생이 공존하기 때문입니다. 고학년으로 갈수록 수학 수업의 기준선을 어디에 둘지 난해할 때가 많습니다.

수업자가 이번 수업에 집중한 것은 학생들이 백분율의 개념을 정확히 이해하고, 백분율을 계산하는 과정을 단계별로 나눠서 설명하는 것입니다. 그래서 학생들에게 '5000원짜리 양말을 30% 할인하면 얼마에 살 수 있을까?'라는 문제를 제시했습니다.

이 문제를 해결하기 위해서는

첫째, '5000원짜리 양말을 30% 할인한다'라는 것이 무슨 뜻인지를 알아야 하고,

둘째, $5000 \times (30/100)$으로 식을 세울 수 있어야 하고,

셋째, 여기서 구한 1500원이 마지막 답이 아니라는 것을 알아야 하고,

넷째, 5000-1500=3500원이 '내가 사는 양말값'이라는 것을 이해하도록 단계별로 지도해야 합니다.

백분율에 대한 개념이해가 부족한 학생들은 세 번째 단계에서 나온 1500원을 정답이라고 생각합니다. 이런 학생들에게 자꾸 기계적으로 계산하는 방법만 연습시킨다고 수학 능력이 향상되는 것은 아닙

니다. '수학은 문제를 많이 풀어야 한다'라는 말은 전형적으로 잘못된 방법입니다. 무조건 문제만 풀게 하니 학생들은 더 지겹고 힘겨울 수밖에 없습니다. 한 문제를 풀더라도 정확하게 개념을 이해하고, 풀이 과정을 '내 말'로 설명하는 개별적인 학습과정이 필요합니다.

수업자는 백분율의 계산과정을 PPT로 제시하려고 했습니다. 그러나 수업코칭 과정에서 학생들의 이해를 위해 직접 쓰면서 설명하자는 의견이 나왔고, 그에 따라 처음의 학습 지도계획을 수정했습니다. 그 결과 확실히 학생들의 수업 집중도가 높아졌습니다. 이런 논의와 합의가 수업코칭이 필요한 이유이기도 합니다.

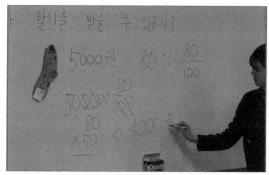

단계별 풀이과정

3) 자기 언어로 정리할 시간 주기

수업코칭을 하면서 수업자에게 매번 당부하는 말이 있습니다. 교사가 일방적으로 많이 가르치려고 하지 말라는 것입니다. 학생들이 무엇을 아는지, 제대로 아는지 확인하고 피드백을 주는 과정과 학생들의 학습상태를 확인하는 가장 좋은 방법은 '자기 말'로 설명하는 시간을 갖는 것입니다. 30명의 학생을 한 명씩 다 발표시킨다면 엄청 지루하고 시간도 꽤 필요하겠지요? 대안은 동시에 전체가 말하고 듣게 하는 것입니다. 왁자지껄하지만 나쁜 것은 아닙니다. 옆 짝에게 설명하기, 친구 2명에게 설명하고 질문받기 등 학생들이 자기가 이해하는 과정을 자기 말로 다른 사람에게 설명하도록 시간을 줍니다. 학생들도 자기가 배운 것을 자기 언어로 정리하는 시간이 필요합니다.

필자는 악기를 배우고 있는데, 복잡한 음표가 나올 때 전공 선생님의 설명을 아무리 들어도 금방 이해가 되지 않습니다. 결국 선생님께 잠깐만 기다려 달라고 양해를 구한 후 내 방식대로 음표를 하나나 쪼개 이해해야 그 박자를 정확하게 알게 되곤 합니다. 이것은 선생님의 설명 뒤에 학생이 스스로 자기 언어로, 자기 방식으로 정리할 물리적 시간이 필요하다는 것을 의미합니다. 알면서도 우리는 늘 수업시간이 부족하다는 이유로, 진도가 늦다는 이유로 '기다림의 여유'를 충분히 갖지 못합니다.

학생 입장에서는 수업시간이 너무 많고 길어서 탈입니다. 제발 진도에 쫓겨서 아이들의 공허한 눈빛을 놓치지 않았으면 좋겠습니다. 아이들이 이해하지 못하고, 알지도 못한 채 진도만 나간들 무슨 소용이 있을까요? 가장 중요한 것이 무엇인지, 내가 수업을 왜 하는지 생각해본다면 진도에 조급할 필요는 없습니다. 차라리 하나라도 제대로 가르치는 것이 훨씬 더 중요하지 않을까요?

4.
[수업코칭 사례 4]
'도자기'에 담긴
흙의 미학(미술)

1. 함께하는 수업고민

지금까지 '도자기 감상수업'이라고 하면 미술 교과서에 있는 도자기 사진이나 인터넷에 있는 도자기 사진을 매체로 '도자기는 아름답다'와 '도자기는 우리나라의 자랑스러운 문화재이다'라는 결론을 내고 수업을 시작했습니다. 그러나 요즘 학생들에게 도자기라는 물건은 박물관이나 사극 드라마에서나 보는 낯선 물건입니다. 가정에서 도자기 그릇을 쓰는 경우도 드뭅니다. 배달음식을 담아오는 플라스틱 그릇이 도자기(사기) 그릇보다 익숙한 세대입니다.

이 수업은 학생들이 눈앞에 있는 도자기를 보고, 손으로 만져보고, 내가 갖고 싶은 도자기를 구매하는 것으로 수업의 큰 줄기를 잡았습니다. 정해진 감상 절차로 느낌을 강요하지 않으려고 했습니다.

학생들에게 낯선 물건에 대해 감상을 요구할 때는 접근 방식이 중요합니다. 교사가 원하는 결론을 배움문제로 제시하면 학생들은 흥미를 갖기 힘듭니다. 이미 결론은 나와 있고, 교사는 그 방향으로 이끌기 위해 무진장 애를 쓰게 됩니다. 학교 수업이 재미가 없는 것은 선택의 여지 없이 이미 결론이 나와 있기 때문인 경우가 많습니다. 도덕의 덕목 수업이 그렇고, 음악과 미술의 감상수업도 그렇습니다. 클래식 음악이 아름답게 들리지 않는데도 '클래식은 아름답다'라고 써야 하고, 이해하지 못하는 가야금 산조를 듣고 '한국 음악은 아름답다'라고 느껴야만 할 것 같은 의무감을 부여하는 경우가 많습니다. '감상'이라는 이름 아래 무조건 느껴보라는 식은 옳지 않습니다. 감상도 기본이 되는 지식과 배경을 알아야 느낄 수 있습니다. 아는 만큼 보인다는 것이 그런 것입니다. 도자기 감상수업을 한다면 도자기에 대해 기본적인 사항은 먼저 학습해야 합니다. 누가 도자기를 사용했는지, 도자기가 어떻게 만들어지는지, 도자기의 용도가 무엇인지 알아가는 과정이 필요합니다. 느끼기 위해서는 아는 것이 있어야 합니다. 관련된 선행지식이 없으면 느낌도 감상도 빈약할 수밖에 없습니다.

감상이란 사람의 내면에서 일어나는 작용입니다. 아름다움을 강조한다고, 아름다움이 느껴지지는 않습니다. 충분히 느낄 수 있도록 주변 장치를 만드는 것이 더 중요합니다. 수업의 연계성을 위해 수업자는 이 수업 이후 도자기 체험장을 방문하여 직접 도자기를 만들어볼 수 있는 현장체험학습을 준비했습니다.

2. 핵심질문 만들기

핵심질문: 내가 도자기를 산다면 어떤 것을 사고 싶은가요?

핵심질문을 이렇게 선정한 이유는 이 수업에서 아름다움을 느끼는 것은 학생의 몫으로 남겨두었기 때문입니다. 수업자는 학생들이 아름다움을 느낄 수 있도록 여러 유형의 도자기를 준비하여 전시했고, 눈으로만 보는 것이 아니라 이리저리 만져봄으로써 촉감을 느끼게 하고, 도자기와 친밀감을 형성하게 했습니다.

'구매'는 사람의 욕구 중에서 집중도가 매우 높은 적극적인 감정입니다. 이 구매 욕구와 도자기 감상을 연결지어 핵심질문을 만들었습니다. 내가 사고 싶은 도자기를 선택하고, 그 이유를 설명하는 과정에서 도자기에 대한 모든 느낌과 감상이 총체적으로 묻어나게 됩니다.

교과서에 나온 학습문제처럼 '도자기의 아름다움을 느껴보자'라고 접근한다면 학생들은 수동적인 감상을 강요받게 됩니다. 모든 학생이 동일한 시간 안에, 동일한 절차로, 동일한 수준으로 아름다움을 느낄 수는 없습니다. 감상수업의 목적은 학생들의 심미안을 기르는 것입니다. 감상조차도 수행평가를 위해 학습지로 평가하고, 평가기준에 맞추어 등급을 나누는 기계적인 수업에서 심미안을 키우기는 어렵습니다.

3. 수업의 구조

학년/교과	4학년 미술
학습주제	도자기 감상
관련 성취기준	미술작품에 대한 자신의 생각과 느낌을 발표하고, 그 이유를 설명할 수 있다.
핵심질문	내가 도자기를 산다면 어떤 도자기를 사고 싶은가요?
수업구조	◗ 동기유발: 6개 모둠에 도자기를 두고 보자기로 덮어둠 ◗ 전체학습: 교실 내 도자기 관찰하기 '도자기' 개념 접근을 위한 수업대화 ◗ 개인활동: 6개 모둠을 다니면서 도자기를 만져보고 관찰하기 내가 사고 싶은 도자기가 있는 모둠에 앉기 ◗ 모둠활동: 내가 선택한 도자기를 충분히 관찰하고, 그 이유 말하기 학습지에 정리하고 개인별로 발표하기

4. 수업 읽기

1) '우리 이야기'로 시작하는 수업 – '도자기'에 코코아를

수업자는 학생들이 도자기에 관심을 가질 수 있도록 6개 모둠에 도자기 세트를 전시했습니다. 고급 도자기 세트는 아니지만 전시용 도자기, 도자기 찻잔, 도자기 꽃병, 사기그릇 등 다양하게 준비했습니다. 학생들이 도자기를 둘러볼 수 있도록 여유 있게 수업을 시작했습니다. 수업자의 질문은 매우 치밀하게 이루어졌는데 처음에는 경험적인 질문들, 즉 도자기라는 이름을 언제 들어봤는지, 어디서 보았는지에서 시작해 우리가 왜 도자기에 관해 공부하는지, 도자기의 뜻이 무엇인지, PPT 사진을 이용해 도자기에 새겨진 무늬를 보며 느낌도 말하고, 왜 가마가 필요한지도 생각하도록 다양하게 질문했습니다. 교사와 학생 사이에 오고 가는 의미 있는 질문과 대답들이 바로 수업대화입니다.

아는 만큼 보인다는 말이 있습니다. 이것은 감상에 앞서 학생들이 알아야 할 배경을 가르쳐 선행지식을 두텁게 만드는 과정입니다. 그리고 마지막 질문, "여러분이 오늘 저녁 코코아를 타 마신다면 어떤 그릇에 마시고 싶나요?"라고 물었을 때 학생들은 모두 "예쁜 도자기에 코코아를 마시고 싶어요"라고 대답했습니다. 상당히 수업자의 의도가 들어간 질문이지만, 이미 학생들의 눈빛은 도자기에 풍덩 빠져 있었습니다. 빨리 코코아를 타 먹을 도자기를 선택하고 싶어서 마음이 급해진 것처럼요. 이것이 배움을 내 생활과 연결하는 과정입니다.

2) 학생들이 도자기를 바라보는 눈빛

이 수업이 성공적인 것은 학생들을 도자기 속으로 몰입시켰기 때문입니다. 만약 도자기를 보고 감상문을 쓰라고 했다면 학생들의 눈빛은 절대 빛나지 않았을 것입니다. 적당히 좋은 말로 감상문을 메꾸었겠지요. 그런데 내가 사고 싶은 도자기를 선택하라고 하니까 실제로 구매할 수 있는 것이 아닌데도 매우 적극적이고 신중하게 도자기를 관찰했습니다.

'나의 도자기'를 구매하는 것에는 이유가 있어야 합니다. 도자기의 밑면까지도 문질러보는 꼼꼼한 소비자가 되어 도자기를 선택한 이유를 말했습니다. 도자기의 빛깔, 무늬, 크기, 형태를 자세히 보고 이 도자기를 어디에 사용할지 고민하는 모습이 역력했습니다. 학생들이 이렇게 몰입해서 도자기를 관찰하기만 해도 이 수업은 학생들에게 의미 있는 수업이라고 생각합니다.

도자기를 선택하는 데는 실용성뿐만 아니라 심미적인 이유도 있습니다. 장식용 도자기가 주는 품격과 심리적 안정감, 취향에 맞는 미적 감각도 중요한 선택 기준이 됩니다. 도자기를 선택하는 과정을 통해 학생들은 자기의 기호를 인식하게 됩니다. 학교에서는 예산을 들여 특정 학년이 되면 성격검사나 표준화된 심리검사를 합니다. 이런 규격화된 검사지보다 일상적인 수업에서 충분히 자신의 성격과 취향을 알아갈 수 있다고 생각합니다. 자기를 자세히 들여다보고 알아야 자기의 소중함을 느끼고 자존감도 커집니다. 내가 어떤 모양을 좋아하는지, 어떤 빛깔을 좋아하는지, 왜 좋아하는지 선택하고 말로 설명하는 것은 중요한 공부입니다. 자존감이 높은 사람이 다른 사람도 존중한다는 사실을 새겨볼 필요가 있습니다. 이런 인성적인 지도는 행사나 표준화검사가 아니라 모두 수업을 통해 이루어지는 활동이어야 합니다.

3) 미술관 같은 수업시간

교실 한가운데 학생들이 오밀조밀 모여 앉은 상태에서 수업이 시작되었습니다. 선생님과의 수업대화가 끝나고 학생들은 6개 모둠에 전시된 도자기를 관찰하러 이리저리 왔다 갔다 분주했습니다. 질서정연한 수업과는 거리가 멀었고, 마치 미술관에서 작품을 감상하는 관객 같았습니다. 학생들은 충분히 만지고, 충분히 떠들었습니다. 만질 수 있다는 점에서 오히려 미술관보다도 자유로운 공간이었습니다.

미술관이나 박물관에 전시된 작품들이 '손대지 마시오'와 '만지지 마시오'라고 엄숙하게 경고하는 것과 달리 오늘 전시된 도자기들은 흔들어보고 머리에 써보기도 하면서 장난감처럼 갖고 놀 수 있으니 즐겁고 의미 있는 수업시간이 된 것 같습니다. 다른 수업시간에도 학생들이 각자 자기 목소리를 내면서 이렇게 역동적으로 공부할 수 있으면 좋겠다는 생각이 들었습니다.

5.
[수업코칭 사례 5]
'도깨비'에서 '비유법'을
찾다(교육연극)

　여기서는 하나의 수업을 전체적으로 보는 것이 아니라, 교사와 학생이 상호작용하는 질문과 대답 등 미시적인 부분을 중점적으로 살펴보겠습니다. 교사의 질문은 학생의 사고와 표현을 심화시키는 장치입니다. 필자는 수업 중에 이루어지는 교사의 질문과 학생의 대답, 학생과 학생 간의 토의, 발표 등 수업 중에 일어나는 모든 언어적 상호작용을 '수업대화'라고 칭했습니다.

　수업대화의 핵심은 교사의 질문으로 학생들이 '생각'하고 사유를 넓혀가는 것입니다. 이것은 정량적으로 평가할 수도 없고, 단시간에 나타나는 변화도 아닙니다. 작은 물줄기가 모여서 강물을 만들 듯이 세심하고 지속적인 작은 질문이 학생들을 사유하게 만들고, 그 사유가 대답이라는 과정으로 드러납니다. 학생들의 전두엽이 아주 느리게 조금씩 확장되는 것은 우리 눈에 보이지는 않습니다. 뇌의 움직임이 수치와 성과로 나타나지는 않지만 학생들의 표정과 눈빛에서 읽을 수는 있습니다. 교사의 질문력이 살아 있는 수업대화의 사례를 몇 가지 들어보겠습니다. (권경희 · 노미향, 2019, 『교육연극, 프로젝트 수업을 만나다』, 48쪽, 52~53쪽, 58~59쪽)

▣ 학습주제: 비유법

6학년 국어 수업으로 학습주제는 '비유법'이었습니다. 칠판에는 아무것도 제시된 것이 없고, 수업 도입단계에서 수업자는 자신의 조카 이야기로 시작했습니다. 농담하듯이 개인적인 경험담을 풀어놓아서 수업이 언제 시작되었는지도 몰랐습니다.

수업자: 선생님에게는 조카가 한 명 있어요. 대구에 사는데, 3월에 전화가 왔어요. (교사가 전화받는 시늉을 하며 1인 2역을 한다. 조카 역을 할 때는 대구 사투리 억양으로 말한다.)

수업자: 응, 영은이 잘 지내니? 올해 5학년이네. 몇 반 됐어?

조 카: 7반요. 고모 우리집에 언제 놀러와?

수업자: 방학하면 갈게. 영은아, 올해 담임 선생님은 어때?

조 카: 음, (한참 생각하다가) 우리 선생님은 고모 같아.

수업자는 상황을 여기까지 제시하고 학생들에게 질문합니다.

수업자: 우리 조카는 자기 선생님을 뭐라고 했나요?

학생들: 우리 고모요.

수업자: 여기서 우리 고모는 누구예요?

학생들: 선생님이요.

수업자: 우리 조카는 '우리 고모 같아'라고 말했는데, 그럼 여러분은 3월 2
　　　　일 집에 돌아가서 부모님께 우리 선생님을 어떻게 이야기했는지
　　　　솔직하게 얘기해볼까?

학　생: 무섭다고 했어요. 카리스마 대마왕이라고 했어요. 도깨비 같다고
　　　　했어요.

수업자: 왜 설명할 때 도깨비 같다고 했어요?

학　생: 도깨비같이 무서운 생각이 들어서요.

수업자: '선생님은 무섭다'와 '선생님은 도깨비 같다'를 들었을 때, 어느 쪽
　　　　이 더 무섭게 느껴지나요?

학　생: '도깨비 같다'라고 할 때가 더 무서워요.

수업자: 왜 더 무섭게 느껴질까요?

학　생: 도깨비가 떠올라서요.

수업자: 선생님을 도깨비에 빗대어 설명하니까 듣는 사람은 어때요?

학　생: 듣는 사람이 이해하기 좋아요. 상상할 수가 있어요.

수업자: 그래요. 이렇게 어떤 것을 그것과 비슷한 다른 것으로 빗대어 설
　　　　명하는 것, 이것을 비유적 표현이라고 해요.

이 수업을 일반적으로 시작했다면 '이번 시간에는 비유법에 대해 알아봅시다'로 했을 것입니다. 교사는 수업을 시작하는 학생들이 비유법에 관심이 없는 상태라는 것을 인지해야 합니다. 비유법이 무엇인지, 어떻게 비유법을 활용하는지 가르치기 전에 학생들이 비유법이라는 것이 뭔지 궁금하도록 관심을 끌어내는 작업이 가장 중요합니다. 관심을 끌어내는 전략으로 이 수업자는 '교사의 사적 이야기'를 이용한 것입니다. 특히 학생들은 선생님의 가족 이야기에 흥미가 많습니다. 선생님의 아이가 공부를 못하고, 말썽꾸러기라고 하면 모두 좋아합니다. 필자도 두 딸의 뒷소리를 수업소재로 많이 활용했습니다.

조카의 입을 빌어 '우리 선생님은 도깨비 같다'라는 문장을 유도한 후 이렇게 무엇에 비유해서 말하는 것이 비유법이라고 했을 때 학생들은 쉽게 이해할 수 있었습니다. 만약 비유법을 국어 문법으로 접근하거나 교과서를 읽고 비유법이 들어간 문장을 찾는 형식으로 수업했다면 학생들은 참 따분했을 것입니다. 지식을 찾고 외우는 지루한 국어 수업이라는 생각이 들었겠지요. 하지만 선생님의 일화에서 비유법을 어떤 상황에 사용하는지 알게 되고, 비유적인 표현으로 선생님에게 돌직구를 날릴 수 있는 수업은 확실히 생동감이 있습니다. 이렇게 해서 배운 비유법은 절대 잊지 않을 것입니다. 나의 감정을 내가 비유해서 직접 표현해보았기 때문에 뇌 속에 잘 저장될 테니까요.

▣ 학습주제: 조선시대 신분에 따른 인권침해

인권수업을 교육연극으로 진행했습니다. 우리 역사 속 인권침해 상황을 즉흥극으로 표현하는 것이었는데, 한 모둠에서 조선시대 신분에 따른 차별을 즉흥극으로 만들었습니다.

위의 사진처럼 즉흥극은 6명의 학생이 만든 것으로, 2명은 신분이 높은 사람, 2명은 문지기, 2명은 신분이 낮은 사람 역할을 했습니다. 즉흥극의 내용은 신분이 높은 사람들이 모이는 자리에 신분이 낮은 사람이 들어가려고 하다가 문지기가 든 방망이에 두들겨 맞는 장면이었습니다. 30초 정도의 짧은 즉흥극이 끝나자 수업자는 문지기를 한 학생에게 질문을 시작했습니다.

수업자: 왜 신분이 낮은 사람을 몽둥이로 때렸나요?

학생(문지기): 여기는 신분이 높은 사람만 참석하는 자리인데 신분이 낮은
　　　　　　사람이 와서 귀찮게 굴어서요.

수업자: 귀찮게 해서 때렸다는 거군요.

              (전체 학생을 향해) 혹시 이 즉흥극을 보고 이 인물들에게 질
              문하고 싶은 내용 없나요?

              (관객 중인 학생이 손을 들고 질문을 했습니다.)

관객 학생 1: 그냥 말로 하면 되는데, 왜 굳이 몽둥이로 사람을 때렸나
              요?

학생(문지기): (머뭇거리며) 그냥 습관적으로 신분이 낮은 사람은 늘 몽둥
              이로 때렸기 때문인 것 같아요.

수업자: 늘 몽둥이로 때렸기 때문에 별다른 생각 없이 오늘도 때렸
              다는 거네요.

              (전체 학생을 향해) 또 궁금한 거 물어볼까요?

관객 학생 2: 신분이 낮은 사람을 때릴 때 어떤 마음이었어요?

학생(문지기): 나중에 생각해보니 좀 미안하다는 생각이 들기도 하고...

수업자: (질문을 한 관객 학생 2에게 다시 질문을 했습니다.)

              왜 그 질문을 했는지 설명해줄 수 있어요? 신분이 낮은 사
              람을 때릴 때 어떤 마음이었는지 왜 물어봤어요?

관객 학생 2: 신분이 낮다고 함부로 때린 것 같아서 물어보고 싶었어요.

수업자: (신분이 낮은 학생에게 질문) 몽둥이로 맞을 때 기분이 어땠
              어요?

신분이 낮은 학생: '우리는 신분이 낮으니까 이렇게 맞고 사는구나'라고 생
              각했어요. 슬펐어요.

수업자:　　　(전체 학생을 향해) 우리가 신분이 낮아서 슬퍼하는 저 사람에게 어떤 말을 해줄 수 있을까요?

관객 학생 3: 신분이 낮은 것은 당신 잘못이 아니라고 말해주고 싶어요.

　　즉흥극은 30초였지만 즉흥극을 둘러싼 질문과 대답은 4분 정도 지속되었습니다. 발표가 끝났으니 칭찬과 박수로 마무리하는 것이 아니라 즉흥극의 짧은 장면 속에서 학생들의 인권 감수성을 끄집어내는 수업대화였습니다. 학생들이 만든 짧은 즉흥극 속에서 역사 속 인권침해가 신분제도라는 사회적 구조 속에서 이루어졌다는 것, 신분이 높은 사람은 그 구조를 당연하게 여기고 신분이 낮은 사람은 숙명으로 살아가던 삶의 이야기를 살펴볼 수 있었습니다.

\<수업코칭 톡! Talk?\> 수업코칭에 대한 교사들의 이야기

4부 시작에서 필자는 수업코칭을 하는 이유를 언급했습니다. 글을 마무리하는 이곳에서는 필자의 이야기가 아니라 수업코칭을 받은 수업자들의 소회를 담아보았습니다. 눈곱만큼이라도 수업이 달라지려면 수업코칭을 받은 선생님들이 어떤 노력을 했는지를 아는 것이 매우 중요하기 때문입니다. 즉 '그 선생님들'의 일상적인 실천이 뒷받침되어야 합니다.

필자가 한 수업코칭은 다른 사람에게 보여주는 형식적인 절차가 아닙니다. 수업자의 수업철학과 수업과정을 다른 사람과 함께 해부하는 일입니다. 의학적인 수술과 차이가 있다면 수업코칭은 집도하는 의사가 수업자 자신이라는 점입니다. 내가 보지 못했던 수업하는 나의 모습을 철저히 분석해보는 시간입니다. 그렇다고 수업코칭의 목적이 나의 부족한 점을 알고 반성하는 것만은 아닙니다. 내가 모르고 있던 내 수업의 강점을 발견하고, 내가 인지하지 못하던 학생들의 반응을 마주하는 것이 훨씬 더 중요합니다. 수업코칭은 '내 수업의 변화'를 시도하는 '나의 선택'이라는 점에서 개인마다 무게가 다를 수 있습니다. 왜곡된 자존감으로 교실 문을 굳게 잠근 선생님들에게 수업코칭은 다가서기 힘듭니다. 우리에게 필요한 것은 열린 마음입니다. 부족한 부분을 직면하는 용기와 잘하는 점을 칭찬하는 자신감이 필요합니다.

다음은 필자가 수업코칭을 했던 교사들의 목소리입니다. 목소리를 지면에 담을 수 없어 글로 대신 전합니다. 길면 긴 대로, 짧으면 짧은 대로 다 담았습니다. 기간제교사부터 경력 35년이 넘는 선배님도 있지만 수업을 마주한 우리에게 연차가 큰 의미가 있는 것은 아니었습니다.

> ### 수업은 힘은 빼고 맥을 잡는 것!
> #### 경력 33년 차 선생님 이야기
>
> 경력이 많아질수록 공개수업이 정말 부담스럽고, 누군가 내 수업을 본다는 것이 싫었어요. 숨을 곳만 있으면 어디든 숨고 싶은 마음이라고나 할까. 저는 수업코칭이 뭔지도 몰랐고, 지금까지 관리자와 내 수업에 대해 1:1로 이야기한다는 것은 상상도 안 해본 일이었어요. '공개수업이라니 빨리 명예퇴직을 해야 하나'라는 생각도 들더군요. 그런데 실제로 해보니 의외로 수업코칭 과

정이 간단하고 별거 아니더라고요. (웃음) 지도안 1장을 작성해서 동학년 선생님들과 협의하고, 이후 교감 선생님과도 협의했어요. 아무래도 저는 공개수업이니까 PPT도 만들고, 학습지도 만들어서 다른 사람들에게 보여주려고 애를 쓴 것 같아요. 늘 그렇게 해왔으니까요.

수업코칭 과정을 통해 불필요한 것에 힘을 빼라는 것을 배웠고, 수업이 큰 줄기를 갖고 진행될 수 있도록 맥을 잡아야 한다는 것을 알게 되었어요. 저는 경력은 많지만 늘 수업에 자신이 없었는데 교감 선생님께서 후배들 앞에서 제 수업이 일관성 있고, 학생들의 몰입을 끌어내는 수업이라고 칭찬해서 좀 부끄럽더군요. 지금은 공개수업 때문에 명퇴해야겠다는 생각은 사라졌어요. 그냥 할 수 있을 때까지 해볼랍니다. (웃음)

수업디자인과 핵심질문의 힘!
경력 17년 차 선생님 이야기

교사로서 지금까지 관리자의 수업장학이 나에게 도움이 된다고 느낀 적은 한 번도 없었어요. 내성적인 성격이라 평소에도 혼자서 이리저리 수업자료를 찾아서 했고, 학년협의는 했지만 아무래도 심도 있게 이루어지기는 힘들더군요. 다른 사람의 수업안에 대해 이러쿵저러쿵 말하는 것이 조심스럽기도 하고요. 공개수업은 준비부터가 평소 수업과는 다르고, 행사에 가깝게 준비해야하죠. 공개수업 후에는 동료들과 관리자가 함께 협의회를 하는데 의례적인 몇 가지 조언이나 주제토론을 하기 때문에 내 수업에 크게 도움이 되지는 않았어요. 다른 사람들이 내 수업에 별로 관심이 없고, 의례적인 절차로 한다는 생각을 해왔어요. 나도 그랬으니까요.

그런데 수업코칭을 통해 수업의 방향을 설정하기 위해 내가 할 수 있는 게 무엇인지, 학생들이 원하는 것은 무엇인지, 그리고 교과서를 어떻게 활용할 것인지를 충분히 고민한 후 수업을 디자인했어요. 그 수업을 이끌어가기 위해 학생들에게 필요한 핵심질문이 무엇일지를 함께 만들었고요. 이렇게 준비한 수업은 방향성 없이 즉흥적으로 계획한 수업과는 달리 학생들의 수업에 대한 몰입도가 매우 높더군요. 또 실제 수업에서는 뭔가를 보여줘야 한다는 부담감이 확실히 줄었고, 누군가 내 수업을 진지하게 봐준다는 점에서 내 편이 있다는 느낌이 들었어요. 그래서 수업을 공개하면서도 '잘해야 한다, 성공해야 한다'는 압박보다는 '수업을 이렇게도 해볼 수 있구나' 하는 차원에서 편하게 할 수 있었어요. 무엇보다 수업전문가의 안목을 배우니 수업의 방향을 설정하는 데 큰 도움이 되었습니다. 이래서 수업멘토가 필요하다는 생각도 했지요. 교사들도 수업을 '제대로' 배워야 한다는 생각이 들어요. 전학공(전문학습공동체)만으로는 좀 부족하다 싶습니다.

수업의 가장 기본이 되는 수업철학을 찾아...
육아휴직 후 복직한 경력 10년 차 선생님 이야기

2년 휴직 후 복직하니 심리적으로 굉장히 부담스럽고, 수업공개에 대한 압박감이 엄청났어요. 휴직했던 2년이 심리적으로 10년처럼 느껴졌거든요. 이전에 공개수업을 어떻게 했는지 기억마저 까마득했습니다. 적당히 지도안을 제출하고 묻어서 지나가고 싶었는데 수업코칭이라는 것까지 한다고 하니 2년 사이 세상이 이렇게 달라졌나 싶고, 식욕이 떨어질 만큼 부담이 컸어요.

공개수업을 앞두고 저는 늘 '쓸 만한' 지도안을 찾아 인터넷 검색에 엄청 시간을 많이 들이곤 했습니다. 그런데 이번에 수업코칭을 하면서 내 수업과 우리 반 학생들에게 집중하는 것을 배웠고, 큰 욕심을 내지 않으니 오히려 아이들의 눈빛이 보여 차분하게 수업한 것 같네요. 내 수업 영상을 보면서 내가 수업시간에 말을 엄청 많이 한다는 것을 알게 되었어요. 따발총 같아서 말을 줄이는 것이 이제 저의 큰 과제가 되었네요. 수업코칭을 통해서 앞으로 어떤 생각으로 수업해야 하는지에 대한 저만의 기준이 생겼다는 것이 좋아요. 지금은 '아이들에게 집중하는 것이 바로 내 수업의 시작이다'라는 당연한 말이 제 수업의 나침반 역할을 하고 있습니다.

혹시 다른 학교로 가면 지금의 수업코칭 방식이 아니라 옛날처럼 보여주는 공개수업을 해야 한다는 것이 벌써부터 걱정되네요. 관리자들이 수업을 보는 눈이 달라져야 공개수업이 달라질 것 같아요. 교사들이 앞장서서 수업을 이렇게 봐달라고 할 수는 없으니까요. 관리자의 기호가 수업방향에 영향을 미치는 것은 사실입니다.

교사와 학생 간의 의미 있는 대화가 중요하대요
경력 3개월 선생님 이야기(기간제 교사)

6개월 기간제 교사인 저에게 수업코칭을 한다고 해서 솔직히 당황스럽고 부담스러웠어요. 창피를 당할까 봐 겁도 났는데, 결과적으로는 많이 배운 것 같습니다. 하기 전이 문제인 것 같아요. (웃음) 수업코칭은 교대에서 배운 것과는 완전히 달랐어요. 교생실습이나 임용고시 준비 때 나름대로 수업을 잘한다고 생각했는데, 수업코칭을 하면서 내 수업을 촬영한 것을 봤더니 제가 혼자 수업하고 있더라고요. 충격적이었어요. 아이들은 제각각 딴짓하고 있는데, 저만 소리를 질러가며 설명하는 모습에 놀랐어요. 수업코칭이라고 해서 일방적으로 뭘 가르쳐주는 것은 아니었어요. 교감 선생님이 제게 주신 수업미션은 수업영상을 보고, 저의 수업 강점 1가지와 개선하고 싶은 점 1가지를 찾는 것이었어요. 제가 어떻게 수업하는지 객관적으로 볼 수 있다는 것 자체가 가장 큰 배움이었던 것 같아요. 지금은 수업시간에 일방적으로 질문하지 않고, 의미 있는 질문을 하고 학생들의 답을 기다린 후 그 답을 듣고 또 다른 질문을 이어가는 연습을 하고 있습니다. 아직도 많이 부족하지만 노력하다 보면 나아지겠죠?

임용고시에서 했던 수업 실기평가가 매우 형식적이라는 생각이 들었어요. 임용고시를 준비하는 후배들이 불쌍하기도 하고, 좀 실제적인 것들을 배웠으면 좋겠다는 생각이 듭니다.

문서보다는 실천이 중요한 교육과정 재구성
교육과정부장 2년 차 강소영 선생님 이야기

음, 수업코칭을 받으면서 수업에 대한 근본적인 생각을 하게 되었어요.

수업이 무엇인지, 수업을 왜 해야 하는지, 수업을 어떻게 해야 하는지 등 여러 가지 생각을 할 수 있었던 계기였습니다. 수업 사전협의, 수업참관, 수업 사후협의의 모든 과정이 하나의 목적으로 이어지는 일관성을 가지고 있었거든요.

수업코칭은 교생실습이나 이전 학교와는 전혀 다르게 수업에 접근하고, 교사에게 고민거리를 던지니 솔직히 이전보다 수업하기가 더 쉽지는 않습니다. 교생실습 때는 오히려 편했거든요. 딱 보여주기식으로만 하면 되니까요. (웃음) 생각하고 고민할수록 수업은 더 고민이 되긴 하지만 그래도 고민할 가치는 있습니다. 고민한 만큼 수업에 대한 만족도가 높아지는 것을 저 스스로 느낍니다.

연구부장과 학년부장을 겸임하면서 가장 부담스러웠던 부분이 바로 교육과정재구성이었어요. 학교교육과정, 학년교육과정 안에 교육과정을 재구성한 부분을 어떤 형식으로 어느 정도의 분량으로 넣어야 하는지 어렵더군요. 하지만 수업코칭을 통해 교육과정 파일 안에 문서로 정리하는 재구성은 아무런 의미가 없다. 실천하지 않는 교육과정재구성은 아무 소용이 없다는 것을 깨닫게 되었어요. 가장 중요한 것은 일상적인 수업이며, 우리가 할 수 있는 그 자리에서 시작하면 된다는 것을 알게 되었죠. 그러면서 교육과정재구성에 대한 부담도 줄었습니다.

다음 이야기는 필자와 4년 동안 수업코칭을 함께한 중원초 이현정 선생님의 소회입니다. 좀 길지만 함께 읽어보고 싶어서 실었습니다.

수업을 공개하는 날은 교생 때 입었던 정장 원피스를 꺼내 입는 날입니다. 그리고 내가 제일 잘할 수 있는 교과에서, 가장 보여줄 거리가 풍부한 차시를 선택해 반 아이들과 내가 얼마나 원만하게 상호작용하고 있는지를 보여주는 날이기도 하지요. 생방송을 하는 기분이에요. 지도안대로 40분이라는 시간 안에 무사히 수업을 마치면 성공한 것이고, 그렇지 못했다면 망한 거로 생각했어요. 수업 공개 전과 후의 시간은 별로 중요하지 않았고요.

지금은 수업공개에 대한 제 생각이 많이 달라졌어요. 이제 나에게 공개수업은 40분짜리 생방송이 아니라, 수업에 대해 고민하고 연구하는 유의미한 과정이 되었지요. 교감 선생님의 수업코칭 덕분입니다.

교감 선생님은 관리자가 아닌 동료교사로서 함께 수업을 고민해주셨어요. 교사가 짜놓은 지도안을 뒷짐 지고 지켜보는 것이 아니라, 마치 본인도 그 수업을 실연해야 하는 것처럼, 수업주제부터 핵심질문 및 활동 아이디어까지 교사와 평등한 위치에서 수업생각을 나누어 주셨죠. 평등한 위치라는 말은 토의 방식이 평등했다는 뜻이에요. 수업코칭 후에 교실에 돌아와 함께 나누었던 이야기를 메모한 걸 들여다보고 있으면, 교감 선생님께 내가 어떤 것들을 배우고 왔는지가 보였어요.

그리고 그렇게 한배를 타고 수업을 준비했다는 생각이 들어서인지 수업 당일에도 부담감이 크지 않았어요. 물론 아예 부담감이 없지는 않았으나, 머릿속에만 담겨 있던 활동과 발문에 대해 아이들이 어떻게 반응할지에 대한 긴장감이었지, 전처럼 교감 선생님과 동료교사에게 좋은 모습을 보이고 싶다는 생각에서 오는 부담감은 아니었어요. 심지어 40분 안에 계획한 수업을 끝내지 못해도 괜찮았어요. 그 수업은 공개를 위한 단편적 수업이 아니라 이전 수업 및 다음 수업과 이어지는 자연스러운 나의 일상 수업 중 하나였으니까요. 수업코칭은 단절된 하나의 수업공개를 위한 시간이 아니라 일련의 수업을 위한 교사의 수업성장 시간이라서 그런 생각을 하게 된 것이고요.

그래서 수업 후에도 '공개수업이 끝났으니, 끝!'이라고 생각하지 않았어요. 오답노트를 만드는 것처럼 내가 한 수업을 되돌아보는 시간이 중요했어요. 교감 선생님이 촬영하신 수업 모습을 함께 보며 관찰자가 되어 나의 수업을 지켜봤어요. 영상을 정지하기도 하고, 아이들 얼굴에 초점을 맞춰 살펴보기도 하고, 칠판의 모습, 발문하는 모습 등 여러 관점에서 내 수업을 살펴봤어요. 감사한 일이었어요. 누군가가 나의 수업을 그렇게 열심히 함께 봐준다는 것이 참 감사한 일이더군요. 제 교직 경력에 처음 경험해본 일이기도 하고요. 수업 이전, 수업 이후에도 수업 이야기를 나누었고, 그 시간에 많은 고민을 나눌 수 있었고, 그것이 저에게 성장하는 기쁨을 준 것 같네요.

필자는 수업자들의 이야기를 들으면서 마음이 짠해졌습니다. '짠함'은 관행적인 수업문화가 여전히 지속되고 있다는 것에 대한 선배로서의 미안함과 관습에 저항하는 후배교사들의 노력이 기특하고 대견했기 때문입니다. 이것으로 수업을 둘러싼 의문들에서 시작된 이야기를 마무리하려고 합니다.

수업은 저에게 여전히 현재 진행형입니다.

수업은 관계 속에서 자란다

2020년, 이 시간이 힘겹지만 절망스럽기만 한 것은 아닙니다. 변화하는 세상에서 살아남기 위해 우리는 또 다른 몸짓으로 부단히 애쓰고 있습니다. 지금의 노력이 우리의 항체가 되고 생명력의 씨앗이 될 것 같습니다.

헐떡이는 숨을 가다듬고 돌아봅니다.
척박한 토양 속에서 교육을 고민하고, 수업을 나누는 선생님들
우리는 동지입니다.

세상이 달라져도 달라지지 않는 가치와 철학이 있습니다. 학생들이 새로운 것을 배우고, 익히고, 자신을 성장시키는 장이 '수업'이라는 것은 아마도 변하지 않는 철학이 아닐까요. 초등학생이 받아쓰기

를 줌(zoom)으로 하는 세상이 되었습니다. 사람과 사람이 마주 보아야 가능한 줄 알았던 교육연극수업도 온라인상에서 만들어냅니다. 디지털 매체가 수업 안으로 쑥 들어온 느낌입니다. 지금은 어색하지만 또 하나의 수업문화가 될 테죠.

우리가 기억해야 할 것은, 수업을 디자인하고 생명력을 불어넣는 건 디지털 매체가 아니라 바로 교사인 '나'라는 사실입니다. 온라인 수업환경에서 교사의 수업기획력이 더욱 두드러지는 역할을 하는 것은 수업이 가진 태생적인 '관계성' 때문일 겁니다. 그 관계성을 견고하게 만드는 것이 선생님들의 저력입니다. 필자가 현장에서 수업 임상연구를 지속하는 것은 출판하기 위해서도 아니고, 남들에게 성과를 보여주기 위해서도 아닙니다. 수업은 교사와 학생이 함께하는 연속적이고 일상적인 호흡이며, 응당 내가 잘해야 하는 일이기에, 많은 시간을 들여 애쓰고 있을 뿐입니다. 이 책은 교육의 중심을 '수업'에 두고자 하는 저의 바람을 오롯이 담았습니다. 거칠고 서툰 부분이 있다면 아직 공부가 부족한 탓입니다. 더 고민하고 배우겠습니다.

수업의 중심에 교사의 훌륭한 가르침을 두고자 합니다.
당신이 가진 훌륭한 수업 세포 하나하나가 살아나기를 바라며
뿌리 깊은 교사로 거듭나고자 애쓰는 많은 선생님과 함께합니다.

권경희

| 참고문헌 |

1. 단행본

강현석 · 주동범 공저(2012), 『현대교육과정과 교육평가』, 학지사
권경희 노미향(2019), 『교육연극, 프로젝트 수업을 만나다』, 행복한미래
김경훈(2018), 『토의토론 수업, 배움을 디자인하다』, 행복한미래
김보연 · 고요나 · 신명(2018), 『하브루타 수업디자인』, 맘에드림
김유미(2018), 『뇌를 알면 아이가 보인다』, 북하우스 퍼블리셔스
나승빈(2018), 『수업놀이』, 맘에드림
신성욱(2017), 『조급한 부모가 아이 뇌를 망친다』, 에크로스
신을진(2017), 『교사의 성장을 돕는 수업코칭』, 에듀니티
심은보 · 여희영(2019), 『오늘도 학교에 갑니다』, 서유재
이성대(2016), 『프로젝트수업, 교육과정을 만나다』, 행복한미래
우치갑 외 5인(2016), 『비주얼씽킹수업』, 디자인펌킨
이혁규(2018), 『수업비평가의 시선』, 교육공동체 벗
전종규(2017), 『질문이 살아나는 학습대화』, 교육과학사
윤성한(2018), 『교육과정재구성과 수업디자인』, 교육과학사
한형식(2015), 『모두가 참여하는 수업에는 법칙이 있다』, 즐거운학교
홍경숙 외(2019), 『학교공간, 어떻게 바꿀 수 있을까?』, 창비교육
온정덕 외(2018), 『교실 속으로 간 이해중심교육과정』, 살림터

2. 번역서

권경희 외 공역(2008), 『식민지제국의 문화통합』, 고마고메 다케시 저, 역사비평사
강순이 역(2013), 『무엇이 수업에 몰입하게 하는가?』(Teach like a pirate),
Dave Burgess 저, 토트
서명석 외 역(2011), 『수업전문성』(Classroom Teaching Skills), James
M.Cooper 저, 아카데미프레스
목수정 역(2016), 『10대를 위한 빨간색』, 보단 안데르센 · 소렌한센 · 제스퍼 젠
센 저, 레디앙

이영노 역(2019), 『경쟁에 반대한다』(No Contest: The Case Against Competition), 알피 콘 저, 민들레

정혜영 역(2018), 『교사, 수업을 말하다』(Talk about Teaching), Charlotte Danielson 저, 학지사

주삼환 외 공역(2015), 『수업장학: 수업예술과 수업과학을 위한 지원』, 학지사

3. 논문과 학술지

Caitlin Vockroth(2020), 「The effect of teacher mentoring and coaching on student Reading Achievement」, Graduate Programs in Education, Goucher College, USA.

Sarah Harrison(2019), 「Coaching and mentoring for teacher development: An overview of research and practice」, 「Teacher CPD: International trends, opportunities and challenges」, Nord Anglia Education, London, United Kingdom.

Stan Koki(1997), 「The roles of teacher mentoring in Educational reform」, 「Pacific resources for education and learning」, Honolulu, HI.

4. 신문, 전자매체, 기타자료 등

교육부(2015), 『초등학교 교육과정』

김태은(2018), 『2018 혁신학교 아카데미 직무연수』「야호학교」, 경기도교육청

경기도교육청(2019), 「혁신수업 N」 2019 vol 04, 미래앤

경기도교육청(2019), 「배움중심수업 리뷰」 통권 13호, 14호, 15호

성남교육지원청(2017), 「수업, 연극으로 피어나다 3」, 디자인이즈

강현석(2019), 「역량중심 교육의 새로운 접근」, 「한국교육신문」

EBS(2020), 교육대기획 10부작 「다시, 학교」

EBS(2020), 혁신학교 5부작 「무엇이 학교를 바꾸는가」